Nicole Avril

Après des études de lettres, Nicole Avril a été comédienne avant de devenir écrivain. Révélée en 1972 par deux livres publiés le même jour chez deux éditeurs différents, *Les gens de Misar* (Albin Michel) et *L'été de la Saint Valentin* (Pauvert), elle a, depuis, écrit de nombreux romans comme *Monsieur de Lyon, La disgrâce, Jeanne, Le roman d'un inconnu* et, dernièrement, cet essai publié chez Plon, *Le roman du visage.* Elle est aussi l'auteur d'une biographie de Sissi, *L'impératrice*.

MOI,
DORA MAAR

DU MÊME AUTEUR
CHEZ POCKET

LE ROMAN DU VISAGE

NICOLE AVRIL

MOI, DORA MAAR

PLON

ISBN : 2-266-12790-X

J'ai dépassé la vague
Et maintenant libre d'agir
Vers l'été intérieur
J'entends
ce secret dans l'être
ce secret à moi-même secret

Dora MAAR.

I

J'étais photographe de plateau quand je l'ai aperçu à la première du film *Le Crime de M. Lange*. Comment ne pas remarquer son regard ? Des yeux effrayants. Obscurs et béants. A la sortie, Jean Renoir l'a pris par le bras, et ce qu'il lui a dit en confidence l'a fait sourire. Son visage d'un coup s'est plissé. Sous la mèche de cheveux, son regard noir a étincelé. La malice d'un enfant.

Je croyais ne rien ignorer de lui. Ses mots, ses folies, ses œuvres, ses triomphes et ce qu'on pouvait prendre pour des échecs. Ceux qui le haïssaient le plus n'étaient pas les derniers à nourrir la légende du petit grand homme. Je ne savais pas que nous allions voir ensemble le siècle se briser, mais je sentais que son regard serait pour moi inoubliable.

Trois mois plus tard, il fit son entrée aux Deux-Magots. Ma main gauche qui serrait le couteau fut arrêtée en plein vol. Je le regardais. Il avait poussé la porte à tambour. Il ne pouvait plus faire marche arrière. Je le tenais. Tout allait commencer et j'avais à peine besoin de m'en occuper.

Je repris mon jeu avec le couteau. C'était un canif que mon père m'avait acheté à Buenos Aires, je devais avoir huit ans. Ma mère était furieuse. On n'offre pas à un enfant, de plus à une fille, Joseph, mon Dieu ! une fille, as-tu oublié ? on n'offre pas un engin tranchant. De toute manière, on ne doit jamais faire cadeau d'une lame, ça porte malheur. Pour aggraver son cas, mon père avait affirmé qu'il était bon qu'une fille pût se défendre. Ma mère avait haussé les épaules avec commisération avant de se plonger dans une bouderie qui durerait quarante-huit heures, comme d'habitude.

J'ai gardé ce canif. Il est aujourd'hui dans ma poche. Je ne m'en serais peut-être jamais servie si, dans un bordel où Georges Bataille s'était avisé de m'emmener, une Gitane ne m'avait montré quel jeu il autorisait. Elle s'appelait Mirna, et, dans l'attente d'un client, elle se livrait à son manège. Assise à un pupitre d'écolière, elle tenait dans sa main droite un petit couteau qu'elle plantait entre les doigts écartés de sa main gauche, de plus en plus vite. Arrête, Mirna ! criait Georges. Il la regardait, poils et dents agacés. Viens, je vais t'apprendre, me dit-elle, les hommes ne comprennent rien. Elle ne parut pas étonnée de me voir sortir de ma poche un canif argentin. Enfile un gant, tu as de trop belles mains pour les faire saigner, et écoute bien le bruit des coups, c'est lui qui te guide, comme celui des talons dans la danse.

Georges ne supportait pas notre vacarme. Quand nous nous sommes arrêtées, il a poussé un soupir de soulagement. J'avais l'impression, a-t-il dit, que mes livres étaient sur le point de brûler, que l'incendie allait se propager de l'un à l'autre dans le halètement d'un galop. Il citait des titres, des auteurs. Il évoquait sa bibliothèque, ses études, son travail. Je l'entendais parler pour la première fois de sa vie diurne. Il m'avait jusque-là entraînée la nuit dans ses débordements, prenant soin de brouiller ses propres traces.

La lame égratignait la table des Deux-Magots. C'est de la main gauche que je peins, que je caresse, que j'ouvre les portes. Ma main gauche tenait le couteau, tandis que la droite, enveloppée dans une résille noire, offrait à la blessure ses doigts écartés. Je ne voulais pas vérifier si le petit grand homme me regardait. Pour attirer son regard, j'aurais pu découper à la pointe de mon canif un morceau de ma viande. Sa voix — avant même de relever la tête, je sus que c'était sa voix — a interrompu mon jeu.

— Qui êtes-vous, mademoiselle ?

O bonheur, Paul Eluard que je connaissais accompagnait le grand petit homme, le petit grand homme. Présentations. Affirmation. Feintes et combat. Je répondis dans l'espagnol de mon enfance à son espagnol de toujours. Pour m'en remercier, Pablo Ruiz Picasso eut la bonne idée d'enfoncer son regard dans le mien.

— Mon grand-père fabriquait des gants à Malaga, dit-il.

Il avait déshabillé ma main droite de sa résille.

— Folle, de vouloir s'en prendre à une si jolie main, vous êtes folle !

— Ne me répétez jamais ça !

— Qu'est-ce que j'ai dit ?

— Que je suis folle.
— Une manière de parler.
— Que je n'aime pas.
— Je vous promets de trouver ce qui vous plaît, comme j'ai trouvé ce qui vous déplaît. L'un ne va jamais sans l'autre. L'ombre et la lumière. La joie et la douleur. Je suis espagnol.
— J'entends.
— Et vous, vous m'êtes apparue en rouge et noir.

Il fut un temps où je n'étais pas seule. Ce temps-là s'est poursuivi longtemps après notre séparation. Mais sommes-nous séparés ? Les mots de Jean de la Croix me donnent à penser que le lien n'a pas été rompu :

Mais où t'es-tu caché
me laissant gémissante mon ami
après m'avoir blessée
tel le cerf tu as fui
j'ai couru criant tu étais parti.

Pablo Picasso et Paul Eluard se sont assis à la table voisine au fond de la salle des Deux-Magots. L'air était si enfumé qu'on se serait cru à la gare de Lyon quand toutes les machines crachent en même temps. Picasso était sur la banquette à côté de moi. Nos épaules en venaient à se toucher. Il fit glisser de ma main droite le gant. Résille noire piquetée de petites fleurs roses. Je craignais qu'il ne remarquât auprès des fleurs roses les traces plus sombres de mon sang. Grenat desséché pour les blessures anciennes, ma maladresse, rubis tout frais pour le coup reçu quelques minutes plus tôt, juste avant l'arrivée du petit grand homme. Rien n'échappait à son regard. Il suivait du doigt les taches de mon sang sur le gant et sur la main. Il vérifiait la similitude des tracés. Regarde, Paul. Regarde. As-tu vu quelque chose de semblable ?

Paul se tenait légèrement à l'écart, le sourire embarrassé, gourmand. Il m'avouera plus tard qu'il avait pensé partir pour nous laisser seuls. La solitude était illusoire dans cette brasserie bruyante où tout le monde se connaissait et Picasso n'en finissait pas de prendre son ami à témoin. Il avait besoin de sentir son approbation pour pousser son avantage. Ce jour-là, Paul jouait le rôle du chœur antique et l'interprétation de son ami en devenait encore meilleure. Tout allait trop vite. Et nous, nous deux, nous nous jetions l'un contre l'autre sans retenue. La hache au bord de la blessure.

Paul se souvenait-il de sa rencontre avec Nush, son adorable Nush, sa funambule ? Un soir de mai 1930. Six ans déjà. Sur le trottoir des Galeries Lafayette, il déambulait en compagnie de Louis Aragon et de René Char. La jolie petite figurante du Grand-Guignol avait été effrayée par les trois compères. Il avait fallu prendre le temps de l'apprivoiser, tandis que nous deux, assis là, sur la banquette des Deux-Magots, nous nous entre-dévorions déjà comme des affamés. Table rase sur le chemin du désir. Je crois au premier instant, à la première ligne, à la première note. L'incipit. Que la lumière soit.

Non seulement il avait enlevé le gant, mais il s'en était emparé. Je le garde, répétait-il. Je le garderai toujours. Dans votre collection ? avais-je répliqué. Paul riait et, cherchant une contenance face à nos excès :

— Une collection ? reprenait-il. Un capharnaüm vous voulez dire !

— Tu te trompes, Paul, je connais l'emplacement de chaque chose. Surtout quand elle me tient à cœur.

Il prétendait n'avoir jamais vu une si belle main si mal traitée. Sous prétexte de la soigner, il la prenait dans la sienne et ne voulait plus la lâcher. Je le laissais faire, trop heureuse d'abandonner ma main de rien du tout, ma main blessée et manucurée, à la main la plus inventive du monde. Par la sienne passaient les rêves et les cauchemars des hommes. Une main qui travaillait. Je me laisserais façonner.

J'aimais ses yeux. J'aimais sa mèche noire où les fils d'argent brillaient. J'aimais le mouvement de ses lèvres, véloce, moqueur, suppliant, rusé et même tendre, cette tendresse enfantine qui vire en un éclair à la férocité, la bouche qui tète peut mordre. Sa voix chantante, sourde et gaie, éclatante et désespérée. Insaisissable. Passant d'une émotion à l'autre, du français à l'espagnol, avec des accents féminins au milieu des sonorités les plus graves. Et ce souffle qu'il ne forçait jamais, même dans ses pires colères, ce souffle dont la puissance s'appuyait sur d'inépuisables ressources. Plus tard, quand je le regarderais travailler, j'aurais l'impression que tout chez lui venait de ce souffle créateur que tenait en réserve sa large cage thoracique de petit taureau andalou. Ses mains, ses yeux et ses pinceaux étaient animés par ce souffle-là, primordial chez lui comme dans la Genèse.

Dans ces hivers de guerre où nous aurons si froid dans les salles humides de la rue des Grands-Augustins, je le verrai à l'ouvrage, en short et en chemise, répétant comme une évidence : « Un Espagnol n'a jamais froid ! » Un Espagnol, je ne sais, mais un génie, je n'en doute pas. Je pense à Victor Hugo, écrivant par un hiver glacé toutes fenêtres ouvertes et se plaignant de transpirer. Mystère des échanges thermiques et de la création.

Je ne l'ai jamais appelé Pablo. En vérité, je ne l'appelais pas. Quand j'avais à le nommer devant les autres, il était Picasso. Il m'aurait paru obscène de lui donner un autre nom que ce matronyme qu'il s'était attribué dans la fulgurance de ses dix-neuf ans. Yo, Picasso. Moi, Picasso.

Il m'a demandé où j'avais appris à parler sa langue. Je lui ai dit quelques mots de mon Argentine. Mon père fut un de ces architectes venus d'Europe qui construisirent Buenos Aires. J'y ai passé mon enfance et mon adolescence. Il s'émerveillait que je vinsse d'un autre continent, mieux d'un autre hémisphère. Etrange, répétait-il, trop étrange ! Racontez, racontez, m'encourageait-il, secouant mon bras sans ménagement pour me forcer à continuer.

— J'aime les histoires. Parlez-moi de M. Maar.

J'avais ri. « Tu vois, Paul, elle se moque de moi. Je vous fais rire ? »

— Ce n'est pas vous qui me faites rire !

— Quoi, alors ?

— M. Maar !

— Votre père est comique ?

— Pas toujours. Mais il ne s'appelle pas Maar. C'est moi Maar, Dora Maar.

— Vous m'embrouillez. Vous êtes Maar et votre père ne l'est pas ! Il ne vous a pas reconnue, ou c'est vous qui n'avez pas envie de le reconnaître ?

— Je suis née Théodora Markovitch. J'en ai fait Dora Maar.

— Bravo, du beau travail ! Le plus beau nom que je connaisse. Théodora ne me déplaît pas non plus. Mais Dora Maar, ça coule, ça roule, ça glisse, ça caresse, ça flamboie !

Il s'est levé, et, à ma grande honte, à ma grande joie aussi, il s'est mis à psalmodier mon nom devant un parterre d'abord ahuri, puis goguenard, enthousiaste enfin au point de vouloir reprendre le refrain en chœur. D'un froncement de sourcil, d'un geste de la main, il calma le vacarme et se rassit. Le Roi se tut.

Du temps où il m'aimait... car nous nous sommes aimés. Si l'amour existe, nous nous sommes aimés. Et si l'amour est une illusion, ça n'empêche pas les mystiques de se référer à l'amour terrestre pour mieux se tourner vers celui de Dieu. Petit Jean de la Croix et grande Thérèse d'Avila, n'est-ce pas des histoires d'amour que vous nous contez ? Mourir de ne pas mourir. Que muero porque no muero.

Du temps où il m'aimait, il aimait prononcer mon prénom, celui que je m'étais donné, il aimait l'écrire. Les portraits qu'il fit de moi tout au long de ces années 36 et 37 où notre passion grandit et mes cheveux poussèrent, il me les dédia. A Dora, le 11 septembre XXXVI. Mougins. J'ai les cheveux très courts et en désordre. Il me les ébouriffe de la main, les doigts légèrement écartés, on dirait qu'il joue avec son chien. Il dit que j'ai l'air d'un garçon et qu'il m'a dessinée à l'encre bleue comme il me voit. Je ressemble à Rimbaud jeune. Je regarde aujourd'hui ce tableau. Je sais qu'il a été peint par un homme amoureux. Comment ai-je été si jeune ? Mon Dieu, est-ce possible ? Si jeune, si belle, si aimée ? Merci monsieur Picasso.

Il jouait avec mon prénom et parfois lui accolait un A. Pour la symétrie, disait-il, lui qui n'avait de cesse de faire exploser la symétrie. Il m'appelait Adora. Son Adora, Adora adorée, ou Adora tout court dans les dédicaces, de son écriture élégante et presque sage.

Quand je criais dans ses bras comme jamais je n'avais crié, comme je ne crierai jamais, et que je murmurais tout contre son mufle de Minotaure des mots dont j'ai oublié la force et la folie, il m'appelait Conchita. Il me rendait la vie, cette même vie qui avait été volée à la petite Conchita, sa sœur adorée, morte de la diphtérie à La Corogne. Conception Ruiz, dite Conchita.

Je suis vivant sans vivre en moi
et si puissant est mon désir
que je meurs de ne pas mourir

Dès le premier regard, nous avons su que nous serions amants. Il y avait chez nous une telle impatience que les délais que nous nous imposions étaient une volupté supplémentaire. Cette évidence m'a tenue des semaines dans un tel état d'excitation qu'il n'y avait plus place en moi pour l'inquiétude et l'irrésolution. J'étais dans la joie. Cet homme-là existait et je l'avais rencontré. Quoi qu'il pût arriver, il n'appartenait ni à lui ni à moi de couper le fil de ce qui nous liait irrémédiablement. Mieux, je ne cherchais pas à savoir s'il possédait d'autres liens, plus forts ou plus anciens, qui pouvaient embrouiller le nôtre. Je me sentais dans un tel état d'innocence que sa réputation de Barbe-Bleue ne me terrorisait pas plus que celle de son génie. Je trouvais des avantages à l'une et à l'autre puisqu'on me parlait de lui partout où j'allais. A peine s'abstenait-on d'évoquer ses éclats et ses turpitudes qu'il suffisait d'une interrogation, ou d'une remarque, pour qu'aussitôt, les langues ne se contrôlant plus, on renchérît sur l'anecdote. Plus on ignorait ses faits et gestes, plus on les inventait. De sa légende, la musique m'enivrait. Jusqu'aux dissonances qui encourageaient ma griserie. Tout tournait. Et moi, je me sentais au centre de ce tout, unie, compacte et dure. Plus rien ne pouvait m'atteindre. J'étais rassemblée. Je devenais lourde.

C'était dans une banlieue de Buenos Aires. Ou peut-être dans une petite ville de la province argentine. En tous les cas, la scène ne s'est pas déroulée dans le lieu que nous habitions d'habitude. Je devais avoir quatre ou cinq ans. Je me revois marchant entre mon père et ma mère, fifille unique entre ses deux tuteurs. Une rue interminable longeait ce qui devait être des entrepôts. La monotonie et la longueur des ombres accentuaient l'effet de perspective comme dans un tableau de Chirico. Fifille à un moment se trouva en tête, sans doute était-elle pressée d'en finir avec une déambulation qui lui paraissait dépourvue d'intérêt. Accentuant son avance, elle ne vit pas se défaire derrière elle le triangle familial qu'elle avait cru dessiné à tout jamais. Elle marchait. Elle continuait à parler à son père et à sa mère. Elle attendit en vain une réponse. Quand elle se retourna, elle ne vit que la perspective inversée des entrepôts. Son père et sa mère avaient disparu. Ils n'avaient jamais existé. Elle était seule. La seule.

J'ai oublié le vertige, l'angoisse, le vide. J'ai oublié combien de temps je suis restée immobile, les pieds cloués au sol, n'osant bouger ni prononcer un mot. Avant même de me sentir abandonnée, je sus que plus rien ne serait comme avant. Je ne pense pas avoir crié. Je ne pense pas m'être agitée. Stupéfiée et muette au milieu du trottoir, je regardais couler de mes jambes la longue ombre noire d'une toute petite fille à jamais seule.

Par quel tour de passe-passe, les deux absents ont-ils repris vie ? Ils riaient de leur bonne farce. Coucou, c'est nous ! nous sommes impayables, n'est-ce pas ? C'était juste pour faire semblant. Une plaisanterie, on te dit, pour te montrer que nous sommes restés enfants nous aussi. Allez, ne fais pas cette tête ! Tu n'es pas belle du tout quand tu grimaces. On était là, juste cachés derrière ce petit mur. Mais rassure-toi, on ne t'a pas perdue de vue une seconde. Rappelle-toi le Petit Poucet, grâce aux cailloux, il retrouvait toujours son chemin.

Pour une fois qu'ils donnaient l'impression de

bien s'entendre, je n'allais pas troubler leurs jeux. Nous nous sommes embrassés et nous avons poursuivi la promenade jusqu'à la nuit tombée. Ma main droite dans celle de mon père, la gauche dans celle de ma mère.

II

J'ai toujours été une voyeuse. De plus, une voyeuse perverse. Je ne me contente pas de ce que je vois. Il faut toujours que je m'en mêle. J'aime ajouter quelque chose à ce que je pense être la réalité. Ma fille, le grain de sel, disait M. Markovitch père. Il m'offrit mon premier appareil-photo. Grâce à lui, je devins la portraitiste de mes amies de classe. J'éprouvais un grand plaisir à les observer à travers mon viseur. Sans l'objet entre elles et moi, je n'aurais pas osé scruter leurs visages avec une telle insistance. Je continuais à faire comme ces enfants très jeunes qui accommodent sans scrupules sur le grain de la peau le poil qui sort de la narine ou le bouton qui rougit d'avoir été trop gratté. Abritée derrière mon appareil, j'en profitais pour débusquer la beauté et la laideur avec le même enthousiasme.

Je ne travaillais pas dans l'improvisation. Il me fallait toujours introduire dans le portrait le plus simple un élément étranger. J'affublais une amie d'un chapeau insolite, je dessinais à une autre un grain de beauté à l'aide d'un bâtonnet d'anthracite. La fête foraine offrait ses cotillons et ses trompe-l'œil. On passait la tête par un trou et on devenait aviateur, marquise ou négrillon. On me voit rarement sur ces photos puisque je suis la photographe. Loin d'en ressentir un manque, j'en acquiers la certitude, non formulée, que le monde appartient à qui le regarde. Et si je consens à prêter mon appareil pour me faire photographier à mon tour, je n'en contrôle pas moins tous les éléments du cliché, ne prenant qu'au dernier moment ma place dans la lumière. Je me sers exclusivement de la main gauche pour faire la mise au point ou pour appuyer sur le déclencheur alors qu'on m'oblige à utiliser l'autre pour tout le reste.

Timide et contrainte avec la main droite, je suis audacieuse avec la gauche. Elle est ma liberté, et, cette liberté, je n'hésite pas à la célébrer avec une certaine emphase. J'ai gardé cette photo-autoportrait de la fin des années 20. Fifille habite maintenant à Paris avec sa famille. Elle a une vingtaine d'années. Elle suit les cours des Arts décoratifs et de l'Ecole de photographie. Les Beaux-Arts ignorant le sexe féminin ne sont pas pour elle. Son autoportrait la montre de profil, confrontée au profil jumelé d'une tête de mort. Elle sourit à son double amoureusement. Au dos de la photo, elle a écrit avec l'application d'une écolière : Vous revoilà mon amour ! La déclaration est signée de son prénom déjà écourté, son nom en revanche est d'origine : Dora Markovitch. Ne vous y trompez pas, ce n'est pas encore le vœu suprême : Muero porque no muero. Car je meurs de ne pas mourir. Rien que de la vantardise.

Ma main gauche est réservée à ce que j'aime.

J'appellerai Picasso mon amant de la main gauche. Après lui, j'ai cessé d'être photographe. J'avais eu le privilège de fixer sur le papier *Guernica* aux différents stades de son élaboration. Des photos qui n'ont pas d'équivalents car l'œuvre qui les a engendrées n'en a pas, n'en aura jamais. Après lui, mes appareils ont cessé d'être les prolongements de moi-même. Quand les désirs vous abandonnent, pourquoi continuer sans eux ? Pourquoi vouloir rendre son regard plus aigu, sa mémoire plus fidèle, ses bras plus avides d'étreindre la vie ? Quand il ne fut plus là, mes membres mêmes me pesèrent. Je me souviens de ces réveils en pleine nuit où je me laissais glisser du lit et fouillais entre le drap et le matelas, cherchant en vain mes jambes et mes bras. Tous ces fragments de moi qui ne m'appartenaient plus s'étaient détachés et éparpillés alentour.

Eté 1936. Cet été de Mougins fut l'été de ma vie. Il y en eut d'autres, et même à Mougins. Il y en eut d'autres où nous nous sommes aimés, mais celui-là possède un éclat, une force, une saveur uniques. J'avais attendu d'avoir vingt-neuf ans pour être heureuse. Je le fus. N'est-ce pas assez pour une vie ? Personne n'a été plus insatiable que moi. Tu fatiguerais les chutes du Niagara, disait ma mère. J'attendais depuis longtemps quelque chose d'extraordinaire comme cet été-là. Il arriva et nous tint enserrés dans un présent fertile et sans mémoire. Nous n'avions pas de passé et aucun avenir. Nous tirions de nous dans l'instant même notre substance. Aucune ombre sous ce soleil au zénith. Des aplats lisses et violents.

Comment oser dire qu'il n'y avait aucune ombre, alors qu'il s'agit de l'été 36 ? La guerre a déjà débarqué en Espagne. L'horreur s'installe en Allemagne. A Saint-Tropez, on ne se plaint pas encore de l'arrivée des congés payés, mais on trouve que le Tout-Montparnasse s'est un peu trop donné rendez-vous sur le port. La guerre, l'horreur, la foule ? Nous ne voyons rien d'autre que nous, cet été-là. Etat de grâce. Aveuglement lucide.

Picasso sortait d'une période difficile. La pire de ma vie, répétait-il. Il était resté presque six mois sans peindre. Ça ne lui était jamais arrivé.

— Je vais avoir cinquante-cinq ans.

— Et alors ?

— Cinquante-cinq, Dora ! Vous vous en moquez, vous êtes si jeune. Taisez-vous, je ne veux pas savoir quel âge vous avez ! Ça me ferait honte. Après les Deux-Magots, j'ai voulu vous fuir. Vous étiez trop grande, trop belle, trop libre. Je savais qui étaient vos amis et je ne les aimais pas, sauf Paul bien sûr. Lui, c'est le grand sorcier de l'amour et j'avais l'impression qu'il nous avait jeté un sort. Savez-vous que j'ai voulu vous fuir ?

— Moi, j'étais certaine que vous viendriez. Je vous attendais.

J'avais en effet accepté l'invitation de Nush et de Paul Eluard dans cette villa des Salins, à Saint-Tropez, qui nous était prêtée par notre amie Lise Deharme. Picasso serait tout près, à Mougins. S'il ne venait pas à ma rencontre, il me trouverait fatalement auprès de Nush et de Paul dont il ne pouvait se passer.

Il était enfin venu et il ne cachait pas que c'était pour moi. Nous marchions sur la plage. Nush et

Paul s'étaient assis à l'ombre d'un rocher. Nous avons continué tous les deux. Il a pris ma main. Je suis venu vous chercher, a-t-il dit. Il m'a tirée par le bras d'une manière brutale. Ne vous retournez pas, c'est dans la Bible. On ne se retourne pas. Nous allons continuer jusqu'à Mougins. Et vous entrerez chez moi pour n'en plus jamais ressortir. Vous voulez bien dire oui, sans vous retourner ?

J'ai dû répondre que j'acceptais, malgré mes pieds nus et mon maillot à peine recouvert d'une étoffe indigo qui traînait dans le sable.

— Mais Paul ? Mais Nush ?

— Ne vous retournez surtout pas, c'est interdit. Ils comprendront. Ils ont déjà compris. Ils seront tout contents de venir nous rejoindre. Je ne leur donne pas quarante-huit heures pour qu'ils arrivent. Nous serons contents de les accueillir. Ne vous retournez pas. Eux, je les aime. Ils comprennent tout sans qu'on ait besoin de le leur expliquer.

Georges Bataille, le groupe Contre-Attaque auquel j'avais appartenu, foutaises ! Il disait que tout cela avait été très mauvais pour moi. Mais Breton a fondé Contre-Attaque avec Bataille et Breton vous admire plus que personne. De plus Paul nous a rejoints, Paul Eluard, votre Paul, est à Contre-Attaque, et sans Paul nous ne nous serions jamais connus.

— Une chance encore que vous vous en soyez sortie sans trop de casse. Georges Bataille, vous vous rendez compte, c'est une fréquentation pour une jeune fille arrivée en famille de son Argentine ?

— Je ne suis pas née en Argentine.

— C'est pourtant ce que vous m'avez dit, j'en suis sûr, aux Deux-Magots.

— Non, je suis née à Paris, rue d'Assas. J'avais trois ans quand ma famille est partie pour Buenos Aires.

Mon père a construit toutes sortes de bâtiments en Argentine. Je me souviens surtout de l'ambassade d'Autriche-Hongrie parce qu'elle lui a valu une décoration de la part de l'empereur François-Joseph. La médaille avec l'aigle à deux têtes devait arriver de Vienne — Schubertgasse 26, Wien — et le bateau avait du retard. L'ambassadeur dut décommander une première fois la cérémonie. Quand je découvris enfin l'étrange volatile sur la poitrine de Joseph Markovitch, mon père, croate d'origine et ex-sujet de l'empereur, la guerre en Europe commençait. Elle briserait le double cou de l'aigle.

Le Minotaure n'aimait que les très jeunes bourgeoises. Bonne éducation exigée. Virginité souhaitée. Cheveux bruns préférés, si possible longs et tirés en arrière, à l'espagnole. Et pourquoi pas la mantille ? Il s'était arrêté, son immense regard noir soudain plissé, un éclat de quartz entre les paupières. De la main, il ébouriffait mes cheveux qui étaient plus courts que les siens. Mais c'est très beau, la mantille. Je te ferai un portrait avec la mantille quand tu auras laissé pousser tes cheveux comme une Espagnole. Je n'ai pas protesté. Le tutoiement lui avait échappé pour la première fois.

L'hôtel de Mougins avait un beau nom, hôtel Vaste-Horizon. J'y suis entrée les pieds nus. Il m'a dit : « J'aurais voulu vous porter pour franchir le seuil. Il paraît qu'on fait comme ça en Amérique. Mais je ne suis pas américain et vous êtes trop grande ! » La terrasse à l'ombre des canisses. Le jardin. La chambre où, malgré ta menace ou ta promesse, tu ne m'enfermas pas.

J'ai photographié, dans la pièce voisine te servant d'atelier, ces mots qui coulaient de toi en un seul flot et sans ponctuation : « ... le 13 août de l'an 1936 cet après-midi qui débrouille l'écheveau du dessin que lui danse la tarentule qui montre le museau par l'œil du taureau et pétille au fond de la coupe se cache derrière les rideaux de soie et de miel du coup de la balle qui traverse l'heure suspendue à la corde attachée au balcon devenu pitoyable... »

Nos rires. Longtemps après, tu diras qu'avec personne tu n'as ri comme avec moi. Avec personne. *La femme qui pleure* ? Connais pas. *La femme qui pleure* ? C'est pour plus tard. Je serai *La femme qui pleure* parce que je serai pour toi la Femme. La terre entière se prépare à pleurer et tu voudras la faire pleurer par mes yeux, les yeux de la Femme. Il est faux de dire que tu as écrasé mon rire. Je ne souffre pas, cet été-là. Je ne me prépare pas à souffrir.

Les amis sont arrivés les jours suivants. Marcel, le chauffeur de Picasso, avait tout juste eu le temps d'aller chercher mes bagages chez Lise Deharme que la nouvelle de mon enlèvement se répandait de proche en proche. Zeus n'avait-il pas décidé de s'accoupler avec une simple mortelle ?

La nouvelle fit un grand vacarme alors qu'on ne percevait pas encore le bruit des bottes.

Les curieux ne vinrent pourtant pas nous traquer jusqu'au refuge du Vaste-Horizon. Aimé ou détesté, Picasso imposait par le double éclat de son regard et de sa célébrité une distance que seuls ses amis pouvaient franchir, assurés qu'ils étaient d'être embrassés, choyés, consultés. Il y avait des règles. Faire silence quand le maître créait et quand il aimait. Accourir pour trinquer, chanter, parler, parler, parler sans fin... Il fallait du talent pour être l'ami de Picasso. Ceux de Mougins étaient cet été-là exceptionnels. Certains s'étaient installés au Vaste-Horizon, d'autres dans des maisons à cent mètres à peine de l'hôtel. Nush et Paul, bien sûr, qui deviendront des habitués du Vaste-Horizon. Mais aussi Roland Penrose, écrivain anglais et collectionneur. Il reviendra l'année suivante avec la superbe Lee Miller dont il fera son épouse. L'été 36, il se contente de racheter à Eluard une partie de sa collection et de relayer Marcel dans son rôle de chauffeur.

Quand Picasso trouvait l'Hispano-Suiza trop encombrante, il montait dans la Ford de Penrose. En revenant de Cannes, sous un soleil torride, ils eurent ensemble un accident dont Penrose qui conduisait n'était pas responsable, mais dont il entendra longtemps parler. Dans un virage, une voiture arriva en sens inverse, roulant à gauche. Le choc fut brutal et la Ford salement amochée. Pablo avait été projeté contre la carrosserie. Il souffrit plus d'une semaine de violentes contusions qu'il ne voulait pas avouer pour ne pas gêner Roland Penrose. Ce dernier, sorti de sa Ford cabossée sans la moindre égratignure, semblait de tous le plus malade. Il ne se pardonnait pas un accident qui avait mis à mal la personne qu'il admirait le plus au monde. Il n'en finissait pas de battre sa coulpe et Picasso de l'absoudre.

A moi, Pablo ne cachait pas sa douleur et elle m'était insupportable. Ma mère disait que j'étais dure au mal. C'est vrai que les lamentations ne sont pas mon fort. Mais la souffrance de Pablo se répercutait en moi et s'y amplifiait. Le corps agacé jusqu'à l'intolérable, je mesurais davantage, grâce à cette douleur que je lui avais empruntée, combien j'aimais cet homme.

Il gémissait dans son sommeil. Un matin, je le suppliai d'aller à Cannes pour qu'on lui fît une radio. Je craignais qu'il eût des côtes cassées. Il finit par accepter et nous partîmes tous les deux sans prévenir les autres. Vous voyez, répétait-il, si vous aviez été avec moi, je suis sûr que ça ne serait pas arrivé.

Marcel s'était installé au volant de l'Hispano avec ce sourire de l'homme trompé qui sait pardonner quand l'infidèle revient. Il conduisait avec une prudence inhabituelle pour bien montrer que lui, ça ne pouvait pas lui arriver de prendre une voiture dans le flanc gauche. Il faut dire que chaque secousse arrachait une grimace à Picasso. De plus, il marmonnait qu'il fallait faire demi-tour car il n'autorisait personne à regarder l'intérieur de son corps. C'est interdit, m'assurait-il, broyant ma main dans la sienne. Il en profitait pour m'accuser de jouer avec lui à l'infirmière. N'est-ce pas le jeu préféré des petites filles ? En Argentine aussi, je suppose ?

Il avait refusé que je pusse voir la radio de son thorax. Obscène ! Vous êtes photographe, ma chère, contentez-vous des apparences ! En ce qui concerne Picasso, Picasso dans son for intérieur, il faut être iconoclaste. Détruisons les images ! Il soutenait même que, dans for intérieur, for prenait un t, ce qui permettait de souligner combien la forteresse intérieure devait être défendue contre tous les envahisseurs, y compris les rayons X.

En fait, l'image de son squelette fut rassurante. L'homme que j'aimais n'était ni brisé ni fêlé. Il cessa peu à peu de se plaindre. Les bains de mer et mes caresses firent le reste.

J'entre dans sa vie. J'entre dans sa peinture. Il a recommencé à travailler. Dès le 1er août, toc, toc, c'est moi. Un lavis à l'encre de Chine. Il me dessine au seuil de sa porte. Veste de voyage. Cheveux dissimulés sous un chaste foulard. Menton que l'on pourrait croire arrogant, qui est seulement prognathe. Je regarde, subjuguée, ce dieu barbu et couronné de lauriers, qui a la bonté de se révéler à son admiratrice sur le théâtre même de ses exploits. Le dieu dessine de la main droite, tandis que son chien lui lèche la gauche. Gloire lui est rendue. La dévotion s'exprime par mon regard et par la langue du fidèle animal.

Mougins 5 septembre XXXVI. *Dora et le Minotaure* (composition). Fusain, encre de Chine, crayons de couleur et grattage. Face au monde entier et face à Dieu, j'ose dire que ce tableau-là est mon préféré. Il est devant moi aujourd'hui et il faudrait la mort pour m'en séparer. Peu de gens le connaissent. Chaque fois que je l'ai montré, c'était pour faire fuir quelqu'un qui m'importunait. Celui-ci regardait l'œuvre, les yeux exorbités et sans dire un mot, puis il repartait sous le premier prétexte venu et je n'entendais plus jamais parler de lui.

A mon avis, un seul autre tableau peut produire cet effet-là. Je l'ai découvert en 1955, ou 1956, chez Jacques Lacan, à l'époque où il tentait encore de m'arracher vivante au souvenir du Minotaure. Il s'agit de l'œuvre de Courbet, *L'Origine du monde*. Lacan la cachait dans son bureau sous une peinture d'André Masson. Il espérait que, loin de m'inciter à fuir, la confrontation avec l'œuvre de Courbet, si longtemps tenue secrète, serait une étape de ma guérison.

Quant au Minotaure, Picasso ne m'avait pas attendue pour se représenter en bête mythique. Tête de taureau et œil de Pablo. Il était déjà en couverture du premier numéro de la revue titrée précisément *Le Minotaure*. L'homme se fait bête avec tant de plaisir qu'il y eut, bien avant moi, toute une suite en rut. Le mufle du monstre fouille la chair consentante de sa victime. Ces années-là, la victime, c'est Marie-Thérèse.

J'ai toujours su que l'existence de Marie-Thérèse était un principe intangible de la vie de Picasso. Sur la plage de Saint-Tropez, quand il m'a demandé de le suivre sans me retourner, il m'a exposé en quelques mots la situation dans laquelle il se débattait. Il y avait Olga, sa femme, qui refusait le divorce. Elle lui envoyait tous les jours une lettre formulée en plusieurs langues et assortie d'insultes et de demandes d'argent. Il y avait Marie-Thérèse et leur fille, la petite Maya. Il allait les voir le samedi ou le dimanche. Plus tard, ce sera le jeudi, quand la fillette ira à l'école. Les vies antérieures de Picasso ne pouvaient être dissimulées, elles se perpétuaient dans son œuvre. J'avais accepté d'entrer sans me retourner dans la vie du Minotaure, je ne devais donc pas m'émouvoir de son passé.

En revanche, ce tableau qui porte au dos : « Mougins 5 septembre XXXVI » n'appartient qu'à moi. Il n'y a jamais eu pour moi d'autre Minotaure que cette bête-là dont le regard d'homme m'était destiné. Soleil fatigué sur un paysage qui saigne, c'est l'heure d'aller boire. Le monstre écartèle Dora pour mieux approcher de sa source. Son mufle noir grimace. Avide, le regard. Avec quelque chose d'implorant qui surprend dans toute cette violence. La jambe du Minotaure immobilise celle de Dora. La main écrase son sein. D'où vient cette femme trop blanche qui est moi ? Une blancheur à peine humaine. Pourquoi la bête dont le mufle touche mon sexe cherche-t-elle mes yeux ? Faisons-nous le même voyage ? Mon regard semble se détourner comme si je n'étais qu'à peine consentante. C'est un viol que tu montres. Je n'ai pourtant pas besoin d'être forcée. Tu as placé une échelle au fond, à gauche. Inutile de me contraindre. Je peux moi aussi en franchir les échelons.

Viol. Violence. Le contraste entre la peau de la bête — noire, avec des écailles de goudron — et la pâleur évanescente de la femme ne peut être apprécié que par les connaisseurs. Les importuns, ceux qui voudraient vous conter fleurette, ceux qui sont venus pour voir l'ensemble de votre incomparable collection de Picasso, ceux qui auraient été trop contents d'en profiter pour marchander telle ou telle pièce, ceux-là repartent plus vite qu'ils ne sont arrivés.

Regardez, mes beaux messieurs, vous qui m'attribuez une si grande valeur, parce que j'ai été aimée, parce que j'ai aimé un si grand homme — pas question devant eux de t'appeler le petit grand homme ! —, regardez donc ce que le génie peut faire. Vous dites viol, violence, et vous faites mine de me défendre. Un combat inégal, prétendez-vous. Vous oubliez, messieurs, le regard de la bête. N'y a-t-il pas comme une supplique au fond de ses yeux ? Une tendresse ? Une inquiétude ? N'êtes-vous pas sensibles à la poésie de ce King Kong jouant avec sa poupée de chair ? Son amour ne l'a-t-il pas créée ? Elle n'en reste pas moins irréductible. Irréductible, non comme l'est l'ennemi. Mais irréductible, comme l'est toujours l'autre. Il s'en attriste, King Kong. Il a beau fouiller sa proie avec son regard et avec son sexe, jamais ils ne feront qu'un seul corps. L'un est trop noir, l'autre est trop blanche. Savez-vous, messieurs les importuns, que ce contraste existe depuis toujours dans la représentation érotique ? Déjà l'Egypte ancienne, pour distinguer les beautés gémellaires de ses hommes et de ses femmes, accentuait le crin boucané des uns et la blancheur des autres, comme s'il fallait recréer la différence pour faire naître l'étincelle. Avec Picasso, la petite flamme devient incendie et les importuns en sont épouvantés. Quand ils veulent crier au feu, ils disent au fou ! Dors, mon beau Minotaure, ta femme n'a jamais cessé de t'aimer.

L'amour accomplit tel labeur
Depuis que je sais qu'il est là
Qu'avec du bien et du mal en moi
Il donne à tout même saveur

III

Il y aura bientôt trois mois que tu es mort et c'est la première fois que je retourne à Ménerbes.

Je suis arrivée hier en fin d'après-midi. Des scorpions avaient pris possession des lieux. En fait, j'en ai trouvé deux dans la soupente du grenier et j'ai pensé qu'ils vivaient en couple. Un couple de scorpions, ça nous ressemble, n'est-ce pas ? En tous les cas, ça ressemble déjà à nos signes astrologiques, même si nous n'avons jamais cru à ces sornettes ! Tu disais, deux scorpions qui s'aiment, imagine le tableau ! Mais, ne l'as-tu pas imaginé ? Vois ta série *La femme qui pleure*. Tu aurais pu sous-titrer mon visage tordu de douleur : *Deux scorpions s'aimaient d'amour tendre*.

Les bêtes ont élu domicile dans mon musée aux souvenirs. L'un d'eux s'est même lové sous l'ancienne lunette des cabinets que tu avais autrefois peinte en vert et ornée d'une guirlande de fleurs. Tu te plaisais à répéter, je veux que Dora pense à moi quand elle sera en train de chier.

J'ai tué les bêtes d'un coup de bêche. On se

demande ce que faisait cette bêche au grenier. Ça les a tranchées net. Un couperet au travers du corps. D'une part la tête, de l'autre la queue, comme les langoustines dont on s'apprête à sucer la substantifique chair. J'ai aussitôt redescendu la lunette enguirlandée et je l'ai replacée sur le siège des toilettes. Rendons à Picasso ce qui est à Picasso. Ce fut ma manière d'accomplir ton rite funéraire dans cette maison que tu m'as offerte.

Il y a dix-huit ans que je ne t'ai vu. Je ne te reverrai jamais. Dire que tu me manques n'a pas de sens. C'est moi qui crains de faillir à ton souvenir. T'oublier serait cesser de vivre. Quand j'ai su que tu serais inhumé dans ton château de Vauvenargues, je n'ai pas songé à m'y rendre. Au reste, on m'en aurait interdit l'accès comme on l'a fait à tes propres enfants. Regroupés sur la colline voisine, ils n'ont vu que de loin se dérouler la cérémonie.

Qu'importe. Tu n'es pas en terre puisque je te porte en moi. Tant que je suis vivante, je serai ta maison, dans ta maison ou ailleurs.

Je me souviens de ces années de guerre au cours desquelles nous ne sommes jamais sortis de Paris. Parfois nous montions sur le toit de l'atelier des Grands-Augustins quand la nuit était calme. Le couvre-feu rendait la ville à l'obscurité et au silence de ses origines. Jamais notre perchoir ne nous avait semblé à ce point suspendu au-dessus du gouffre. Picasso faisait des rêves de voyage. Il ne demandait pas l'Amérique, lui qui n'avait rien d'un globe-trotter. Son aventure se jouait entre les murs de son atelier, mais l'Espagne lui manquait cruellement. Juste avant l'arrivée des franquistes à Barcelone, sa mère était morte sans qu'il l'eût revue. Il était persuadé qu'il ne pourrait jamais retourner en Espagne. La Méditerranée lui manquait. La mer, la mer de nos étés, disait-il, ses mains brassant le vide, ses doigts écartés comme si l'eau coulait entre eux. Tu te rappelles, Dora, le bain du matin à Mougins ? Si j'étais Artiste peintre, ce serait le moment de faire des marines, de dessiner des naïades les jambes en l'air. Rien ne l'amusait tant que d'entrer dans la convention de l'Artiste peintre. Il appelait ça l'attitude « ivoirine ». Et toi, Dora, qu'est-ce que tu peindrais si tu étais Artiste peintre ? Moi ? Un brin d'herbe, peut-être un olivier ou une vigne, n'importe quoi hors les murs. Je rêve parfois que je vais m'éveiller à la campagne.

Peu de temps après ce nocturne sur un toit, Ménerbes fit son entrée dans notre vie. Nous n'avions auparavant jamais entendu parler de ce village. Un vague ami de Picasso, peut-être l'ami d'un ami, avait acquis en Provence une maison avec vue. Elle était en très mauvais état. Il comptait la faire restaurer dès que la guerre serait finie, si elle finissait un jour. Sa femme, qu'il adorait, avait éprouvé un véritable coup de foudre pour cette maison. Quelques mois plus tard, elle fut tuée dans un accident de voiture. Désormais veuf, il cherchait à la vendre, cette maison où il ne pouvait imaginer vivre sans elle. Il avait appris que Picasso voulait donner une réalité à mon rêve de campagne et il lui proposa un troc. Un tableau en échange de la maison. Il faut qu'elle plaise à Dora, précisa Picasso. L'autre sortit de sa poche une photo. Picasso la regarda, puis il me la tendit. Que dis-tu de cette maison de campagne ? Elle me plaisait. L'homme choisit dans l'atelier ce que l'on appelle à tort une nature morte. Il faisait une bonne affaire. Moi aussi.

Picasso n'avait pas une vision décorative des maisons. Maison signifiait pour lui atelier. C'est l'endroit où l'on vit, c'est-à-dire où l'on travaille.

Quand je l'ai connu, il possédait plusieurs maisons et n'en avait aucune. Il vivait encore dans son atelier de la rue La Boétie, mais le grand appartement à l'étage au-dessous, sa femme, Olga, l'occupait et n'en voulait plus. Elle réclamait à cor et à cri le petit château de Boisgeloup, dans l'Eure, près de Gisors. Elle finit par l'obtenir et n'y mit jamais les pieds. Elle le voulait parce qu'il avait abrité les amours de son mari et de la très jeune Marie-Thérèse. Elle tenait à s'emparer de cette île de Pâques d'où Picasso avait fait surgir les extraordinaires sculptures de Marie-Thérèse, têtes et bustes lavés, épurés. Monolithes des premiers matins du monde.

J'ai connu Boisgeloup le jour où Picasso en partit. C'était peu de temps après notre rencontre des Deux-Magots. Eluard m'avait conviée à cette dernière visite et j'avais sauté sur l'occasion. Le maître lui avait-il suggéré la démarche ? En tous les cas, l'invitation me convenait. Quand nous sortîmes à reculons du château en désordre, mon ami Brassaï, qui s'était souvent rendu à Boisgeloup pour photographier le peuple des statues et les immenses peintures lyriques datant du début des années 30, demanda à Marcel, le chauffeur, d'éclairer la façade avec les phares de l'Hispano-Suiza. C'est grâce à cette lumière que Brassaï fit les derniers clichés de Boisgeloup. Dans mon souvenir, il s'en dégage l'émotion qu'on peut ressentir aux derniers plans du film de Jean Renoir, *La Règle du jeu*. Pendant la « drôle de guerre », des soldats français occuperont Boisgeloup. Ils vont s'amuser à sortir dans le jardin les sculptures de Picasso pour s'en servir de cibles et s'entraîner au tir. Après eux, viendront les Allemands.

Ma grande fierté est d'avoir trouvé la maison qui convenait le mieux à l'homme que j'aimais. C'est sans doute là qu'il habita le plus longtemps. Et puis, les années de guerre ne comptent-elles pas double ? Il n'était alors plus question de s'éloigner de Paris, même si on s'appelait Picasso, surtout si on s'appelait Picasso.

7, rue des Grands-Augustins. La maison du peintre. Une légende voulait que Balzac, un siècle plus tôt, eût situé dans cette demeure patricienne, appelée jusqu'à la Révolution l'hôtel de Savoie-Carignan, l'atelier du peintre Frenhofer dont il parle dans sa nouvelle *Le Chef-d'Œuvre inconnu*. La description qu'il fait des lieux correspond en tous points à ce que j'ai vu sur place. Il situe son action en 1612, et il en écrit la version définitive en 1837. Un siècle plus tard, précisément en 1937, Picasso peindra au même endroit *Guernica*, chef-d'œuvre des chefs-d'œuvre, mais qui, lui, ne restera pas inconnu. Picasso réussit là où Frenhofer a échoué. Il fait se rencontrer l'idée et l'acte, l'imaginaire et le réel. Il reste toujours de la chair chez

Picasso, même quand il en montre sur la toile la destruction.

J'ai connu le 7, rue des Grands-Augustins avant lui. Mes amis appelaient les deux étages supérieurs de cette maison le « grenier de Barrault ». Le comédien, Jean-Louis Barrault, les avait loués et il nous y invitait à des répétitions théâtrales. C'est dans cette même ancienne résidence des ducs de Savoie que Georges Bataille présidait les réunions de notre groupe Contre-Attaque, union de lutte des intellectuels révolutionnaires.

Picasso ne voulait pas entendre parler de Bataille. Il traitait de quincaillerie ce mélange, selon lui, érotico-mystico-masochiste où Sade n'aurait pas reconnu les siens, ni Marx ses enfants. En fait, Barbe-Bleue se montrait jaloux de celui qu'il appelait le petit Bibliothécaire. Il ne supportait pas que je l'eusse connu trois ans plus tôt. Quand je me hasardais à dire que, lui, Georges Bataille, je ne l'avais jamais aimé, il répondait que toute comparaison entre eux serait considérée comme désobligeante et qu'il ne voulait plus entendre prononcer le nom du petit Bibliothécaire.

Je me gardai bien de lui parler de Bataille et de Contre-Attaque quand je l'emmenai visiter pour la première fois le 7, rue des Grands-Augustins. Mes parents habitaient à deux pas, 6, rue de Savoie, toujours les ducs de Savoie et leur ancien périmètre. J'étais censée vivre chez eux, mais tout ce qui pouvait me rapprocher de l'homme que j'aimais, ne fût-ce que par les adresses, me tenait à cœur.

J'habite toujours au 6, rue de Savoie. Ces étages sur cour seront les miens jusqu'à la mort. Personne ne sait ce qu'ils contiennent. Ils sont mon appartement, mon atelier et ton musée. Ton seul musée à Paris à l'heure où j'écris. Un musée certes privé. Crois-moi, je n'ai aucun scrupule à le garder secret. Quand l'Etat français se montrait plus que timoré à l'égard de ton œuvre, il fallait qu'une amante conservât chez elle les plus beaux tableaux du siècle que des fonctionnaires sans imagination n'avaient pas su regarder. Combien de toiles, combien de sculptures, achetées par les officiels du vivant de Pablo Ruiz Picasso ? Minable. Dérisoire. A d'autres, les commandes officielles, les plafonds et les fresques. A ceux qui ne courent pas le risque de surprendre. A ceux qui se répètent à longueur de décennies.

Personne ne verra, au 6, rue de Savoie, les tableaux, les dessins, les objets, les petits papiers, les traits d'amour, les mots de tendresse. Collection privée. Défense d'entrer. Sur ce dessin de Mougins, le 11 septembre XXXVI, n'écrivais-tu pas, peint par cœur ? Notre histoire n'apparaîtra qu'après nous.

Dès que tu es entré rue des Grands-Augustins, tu t'es senti chez toi. Tu as poussé un ouf de soulagement. Enfin tu posais tes bagages. Et c'est un air catalan que tu chantais à tue-tête en allant d'une pièce à l'autre.

Tu as ouvert une des fenêtres. Elle donne sur la rue du Pont-de-Lodi, ménageant dans les lointains une belle perspective de toits argentés. Les bras écartés, la tête rejetée en arrière, tu as ri. C'est chez moi ! Dora, tu as raison. Comme tu me connais bien ! Je n'oublierai jamais que je te dois les Grands-Augustins. Ça veut dire quoi cette rue du Pont-de-Lodi, juste en face ? De la fenêtre, on pourrait la prendre dans un tir d'enfilade. Je lui dis qu'il s'agissait d'une victoire de Bonaparte, sa première. Oh ! là là ! Goya n'aimerait pas, l'Espagne encore moins ! Je le rassure. A Lodi, l'empereur n'avait pas encore poussé sous le petit général corse et le jeune Buonaparte n'avait rien à voir avec Napoléon. En Italie, c'est tout juste s'il ne croit pas encore à la Révolution. Il est à la tête de quelques va-nu-pieds, face à des ennemis deux fois plus nombreux. Il franchit le pont et entre dans l'Histoire. Comment sais-tu tout ça ? interroge-t-il sur un ton de reproche. On dirait que tu aimes la guerre. Je la hais. Je réponds que je la hais tant que j'en arrive à vouloir faire la guerre à la guerre.

Au 7, rue des Grands-Augustins, rien ne changea en apparence. Une belle façade sobre et patricienne. A l'intérieur, des couloirs et des escaliers. De vieux poêles aux formes buboniques et des marches usées. En quelques semaines, la vague picassienne submergea de proche en proche toutes les pièces, et le Minotaure y trouva vite ses aises. Il était comme moi incapable de jeter quoi que ce fût, en revanche ses capacités d'accumulation et de création surpassaient les normes humaines. J'ai vu en un rien de temps pousser les piles de journaux et les boîtes de cigarettes vides. J'ai vu, posés par terre et retournés contre les murs, les plus beaux tableaux du monde dont l'huile était à peine sèche. J'ai vu la matière obéir à sa main et s'endormir, maîtrisée, sculptée, divinisée, dans l'ombre d'une soupente. J'ai vu des merveilles oubliées et d'autres qu'il retouchait sans cesse. J'ai vu sourdre, bourgeonner, proliférer son œuvre.

Nous avions connu Inès à Mougins. Elle travaillait à l'hôtel Vaste-Horizon. Je l'avais convaincue de venir à Paris s'occuper de la maison de Picasso. Belle, gaie, intelligente, elle plaisait au maître et à ses visiteurs. Tout le monde appréciait sa cuisine. De plus, elle était espagnole.

La rue des Grands-Augustins ne semblait point trop éloignée du paradis.

Je n'ai plus faim depuis que je t'ai perdu. A Ménerbes, les tomates et les olives noires vont être mon lot quotidien. J'aime en souvenir de toi leurs couleurs. Ne m'as-tu pas dit le premier jour aux Deux-Magots que tu m'avais vue apparaître en noir et rouge ? Sans toi, je me décolore. Je perds mes formes et les teintes de la vie. Est-ce cela mourir de ne pas mourir ? Tu me disais ardente et je me consume.

Pourquoi ne t'ai-je pas tout donné quand il en était encore temps ? Pourquoi ne me l'as-tu pas réclamé ? Il t'arrivait, quand tu me serrais dans tes bras au point de m'étouffer, de me demander à voir ma langue. Encore, disais-tu. Ton regard forçait ma gorge et pénétrait à l'intérieur de moi. C'est longtemps après que j'ai pensé à ta petite sœur Conchita. Elle est morte de diphtérie à La Corogne. Un jour, tu m'as raconté que son agonie avait été épouvantable. Tu étais un enfant déjà passionné par le dessin et la peinture. Tu avais demandé à Dieu la guérison de ta sœur, Lui promettant le sacrifice de tes crayons et de tes jeunes pinceaux. Tu faisais le vœu de ne plus peindre jamais si Conchita était sauvée. Elle est morte et tu es devenu Picasso. Chez toi, les femmes aiment, pleurent et souffrent la gueule ouverte, la langue tirée. N'as-tu connu que des gargouilles ?

IV

On aurait dit qu'on te tuait pour la deuxième fois. J'étais ce matin dans la cuisine de Ménerbes et je lisais une revue que le facteur venait d'apporter avec le reste du courrier. Un pseudo-historien de la droite américaine écrit dans la *National Review* que le bombardement de Guernica n'aurait jamais eu lieu. Il s'agirait d'un mensonge politique dû au Komintern, relayé par une presse aux ordres de Moscou et illustré par un peintre, toi-même, qui ne s'inscrivit officiellement au parti communiste qu'au mois d'octobre 44, mais qui l'aurait prétendument rejoint en secret longtemps auparavant. Il croit argumenter, ajoutant que, depuis *Les Demoiselles d'Avignon*, tu n'avais cessé de t'en prendre aux valeurs d'un monde chrétien dont le général Franco est aujourd'hui encore le défenseur en Espagne, comme le sont les Etats-Unis au Vietnam.

La nuit de mon arrivée à Ménerbes, j'ai rêvé que tu étais vivant. Nous étions rue des Grands-Augustins et la lampe qui éclaire la tuerie de

Guernica n'était pas dans le tableau mais au plafond de l'atelier. Tu étais occupé à en changer l'ampoule. On ne voit rien là-dedans, disais-tu, il nous faut quelque chose de plus fort. Dora, toi, commence par peindre un à un les crins du cheval. Tu m'indiquais les flancs écorchés de la jument au centre du tableau et je me mettais à aligner sans fin les touches de peinture. Plus c'était long et plus j'y prenais du plaisir car j'entendais derrière moi le bruit de ta respiration. Dans mes rêves, tu es plus vivant depuis que tu es mort.

Il y a trente-six ans que *Guernica* a été peint et il reste au cœur du débat. Tant de catastrophes l'ont suivi et surpassé. Tant de massacres. Sans Picasso, se souviendrait-on des morts de Guernica, après Auschwitz, Birkenau, Buchenwald, Oradour ou Katyn ? Il fallait qu'à la fulgurance de l'horreur s'ajoutât celle du génie.

Franco s'est enkysté à Madrid et Picasso est mort sans avoir revu son œuvre. *Guernica* se trouve depuis 1939 au musée d'Art moderne de New York. Des intellectuels et des artistes américains ont demandé au musée de se dessaisir du tableau. Après les carnages de Song My et de My Lai, ils jugeaient les Etats-Unis indignes de l'œuvre.

Cauchemaar. *Guernica* n'était pas qu'un cauchemaar, loin s'en faut, mais le cauchemaar était constitutif d'une œuvre devenue le symbole du XXe siècle. Le mot est d'origine picarde. Son second élément est emprunté au néerlandais *mare* qui évoque un fantôme dans un mauvais rêve. Il y a du spectre en déshérence dans le radical *mare* que l'on retrouve partout dans les langues anglo-saxonnes et slaves. Pensez donc à l'anglais *night-mare*, le cauchemaar. Notez que je n'ai pas osé écrire *nightmaar*, ce qui modifierait la prononciation du mot et même sa signification. *Mare* est en anglais une jument. J'y vois la grande cavale de nos nuits d'horreur, la monture du dieu des enfers, celle qui annonce la mort.

Elle est au centre de *Guernica*, les flancs éventrés, les jambes tordues, la gueule grande ouverte. Et la langue, la langue tirée, la langue en forme de poinçon. Comme Conchita, comme Dora Maar, comme *La femme qui pleure*. Elle est la bête sacrifiée dans la corrida du siècle.

Le cheval du picador s'en allait autrefois les flancs nus vers le sacrifice. Rien ne le protégeait des assauts du taureau. Enfant, tu regardais fasciné ces grandioses boucheries qui faisaient éclater comme une grenade le ventre gonflé des chevaux. Le sang et les tripes jaillissaient à la pointe des cornes et le taureau, lui-même blessé par le picador, s'apprêtait pourtant à charger de nouveau. Le taureau, le cheval et l'homme, trio fatal qui est celui de *Guernica*. Avec accompagnement de femmes. Viva la Muerte.

Il est loin le temps de Mougins, le Vaste-Horizon, le premier été de notre amour. Ils sont déjà loin les mots que Paul dédiait à Pablo :

Montrez-moi cet homme de toujours si doux
Qui disait les doigts font monter la terre
L'arc-en-ciel qui se noue le serpent qui roule

Le miroir de chair où perle un enfant
Et ces mains tranquilles qui vont leur chemin
Nues obéissantes réduisant l'espace
Chargées de désirs et d'images
L'une suivant l'autre aiguille de la même horloge.

Fini les caresses, les portraits tendres et l'argile docile qui épouse les doigts. La guerre est là et le feu se répand de proche en proche. Dès le début de l'année 37, Picasso commence à graver une sorte de bande dessinée inspirée par les bombardements de Madrid. Il l'intitule : *Songe et Mensonge de Franco*. Dans le rôle-titre, un dictateur grotesque qui ressemble comme un frère de sang à cette photographie que j'ai faite l'année précédente, le fœtus de quelque animal hybride. Je l'avais appelée *Le Portrait d'Ubu*.

Picasso vendit *Songe et Mensonge de Franco* au profit des sinistrés espagnols et il l'accompagna d'un poème : « ... cris d'enfants cris de femmes cris d'oiseaux cris de charpente cris de briques cris de meubles de lits de chaises de rideaux de pots de chats de papiers cris d'odeurs qui s'agrippent l'un l'autre cris de fumée piquant l'épaule des cris qui mijotent dans le chaudron et de la pluie d'oiseaux qui inonde la mer qui ronge l'os et casse ses dents en mordant le fil d'ouate que le soleil éponge dans l'assiette que la bourse et la poche cachent dans l'empreinte que le pied laisse sur le rocher. »

A dire vrai, les portraits tendres n'ont pas tous été remisés. Il en est un qui amollirait un cœur de silex. Il est intitulé *Dora Maar endormie*. En fait, Picasso donnait rarement un nom à ses œuvres.

Dora Maar endormie est une de mes pièces favorites de la rue de Savoie. C'est un dessin à la mine de plomb, daté avec précision : « ce 2 mars 37 ». Je suis allongée, les bras relevés, les mains jointes derrière la tête. Je porte un chaste corsage, mes paupières sont fermées et un imperceptible sourire incurve ma bouche à peine alourdie par le sommeil. Le trait a la simplicité et la perfection de celui de Léonard. Et l'indicible amour qu'il semble traduire, le tien, le mien, est à la fois émouvant et paisible. Qui oserait dire que je suis seule ? Et si l'amour doit fournir des preuves, qui fut mieux aimée que moi ?

Je me souviens du 28 avril 37. J'ai traversé en courant la Seine par le pont du Carrousel et j'ai grimpé deux par deux les marches usées des Grands-Augustins. Picasso était seul, assis dans son vieux fauteuil, immobile, il regardait l'œuvre inachevée. Que fallait-il en garder et fallait-il en garder quelque chose ? Longtemps il pouvait rester ainsi sans que rien en lui ne bougeât, puis il reprenait ses aller et retour rapides de la toile au fauteuil. L'après-midi et jusqu'au soir, aucun visiteur n'était admis à l'atelier.

Ce que j'allais lui dire le bouleverserait, et, dans ma hâte, j'avais l'orgueil de penser que, grâce à mon entremise, l'information pénétrerait en lui plus profondément encore. Je comptais sur l'aide d'Eluard pour le pousser à prendre position de manière irréfutable. Il n'était plus possible de se taire.

Mon arrivée le fit sursauter. Sans rien dire, je lui tendis le journal. *Ce soir*, du 29 avril 37. Il le repoussa. Non, fais-moi la lecture. Il demanda pour gagner du temps, c'est grave ? C'était pire.

Bilbao, 28 avril.

Un crime d'une horreur indescriptible soulèvera l'indignation du monde civilisé. Guernica, berceau historique du peuple et des libertés basques, n'est plus !

Lundi, jour de foire régulier, affluence extraordinaire, Guernica, ville côtière, située à 27 kilomètres du front, dépourvue de tout intérêt stratégique et industriel, cité de 7 000 habitants, hébergeait en outre environ 4 000 réfugiés du Guipúzcoa. Les visiteurs de la foire sont évalués à 3 000...

Au moment de l'animation la plus intense, à 4 heures et demie, apparurent les premières escadrilles, jetant des bombes à main. La population s'enfuit vers les champs, poursuivie à la mitrailleuse par les avions de chasse. D'autres escadrilles de trimoteurs lancèrent des centaines de torpilles aériennes dont beaucoup pesaient mille kilos, creusant des cratères profonds. Le bombardement continua avec des bombes moyennes... Finalement, la ville terrorisée fut arrosée par la pluie des bombes incendiaires dont le nombre est évalué à 3 000... En auto, je me transportai sur les lieux. Les scènes d'horreur dont je fus le témoin défient l'imagination. La ville n'était plus qu'un brasier immense, jetant des flammes gigantesques vers le ciel, teintant les nuages de la couleur du sang. Toute intervention était absolument impossible par suite de la chaleur épouvantable. Il semblait que tous les habitants fus-

sent brûlés vifs. Une cinquantaine de réfugiés étaient bloqués. Les cris des femmes et des enfants causaient une peine atroce... Les survivants tentaient d'explorer les rues, recherchant le corps de parents, mais ils étaient empêchés par la chaleur. Mes pieds heurtent une bombe incendiaire en aluminium non éclatée. L'engin est en ma possession. Il porte trois fois l'aigle allemande...

Quatre colonnes à la une de *Ce soir.* Ma voix qui se veut neutre distille le poison mot après mot, chiffre après chiffre. Picasso n'a plus le choix. Il lui faut toutes affaires cessantes sécréter le contrepoison.

« Appelle José. Je ne veux pas lui parler tout de suite. Mais tu lui annonces que mon tableau va arriver. Qu'il lui réserve une place, une grande. » Il ajoute, lui qui d'habitude ne donne pas de nom à ses œuvres : Tu peux lui dire qu'il va s'appeler *Guernica*, comme ça, José comprendra.

José, c'est José Bergamin. Il est écrivain. Il est espagnol. Il est républicain. Il réclame depuis des semaines un tableau à Picasso pour le pavillon de l'Espagne à l'Exposition universelle qui va s'ouvrir à Paris dans quelques jours.

Dès le lendemain, il se met au travail. Les premières photos de Guernica arrivent avec la presse du jour. Il les regarde, halluciné. Il retient l'horreur et le noir et blanc. Le monde est noir. La couleur ne trouvera pas sa place dans *Guernica*. Il essaie pourtant de l'introduire par le biais des collages. Les femmes aux deux extrémités de la toile se voient dotées de jupes à rayures et à fleurettes, le tout en papiers découpés. Mécontent de l'effet, il arrache aussitôt l'accessoire inutile. A un autre moment, il découpe dans du papier rouge une sorte de larme qu'il promène à la surface du tableau à la recherche de l'emplacement idéal. Il pose ce qu'il nomme déjà par dérision la larme furtive sous l'œil du taureau. Il prend du recul, regarde et se précipite, dégoûté, pour la retirer. Nous l'avons échappé belle, s'exclame-t-il. La couleur ne sera plus tolérée dans *Guernica*. Quant aux larmes, elles n'auront plus de raison d'être. Ce sont les yeux des femmes qui prendront la forme des larmes.

Jamais je ne l'ai vu tant travailler. Quand on considère la force unique et le renouvellement constant de son œuvre, on oublie parfois que son génie s'est adossé sa vie entière à son travail. Picasso n'était pas qu'un amateur de corridas et un collectionneur de femmes, c'était un lutteur. Chaque jour, et sans doute jusqu'au dernier, il s'est battu pour être à la hauteur de ce destin qu'il s'est choisi dès l'enfance. A l'âge de dix-neuf ans, il n'est déjà plus Pablo Ruiz, ni même Pablo Ruiz Picasso. Il porte désormais le seul nom de sa mère. Il s'affirme alors, au bas d'un de ses premiers autoportraits : Yo, Picasso. Moi, Picasso. Le matronyme claque comme un étendard. Souvenez-vous de Buonaparte au pont de Lodi. Yo, Picasso, c'est à ce nom-là qu'il décide de faire traverser en vainqueur le siècle qui s'annonce, le XXe.

Il travaille le plus souvent en chemise et en short. J'aime le regarder. Au moment de *Guernica*, il semble dans un état second. Je peux me repaître de lui puisqu'il ne me voit pas. Il m'arrive d'avoir envie de le toucher. On ne s'attendrait pas que ce lutteur halluciné ait la peau si douce. Malgré les bains et les douches qu'il multiplie, sa peau garde un léger parfum de térébenthine. Il en plaisante. « Je suis M. Ripolin ! » Le travail, par vagues successives et incessantes, a poli son corps sans l'user. On dirait un beau galet dont toutes les arêtes auraient été émoussées. Il ne reste que cette surface lisse et chaude qui appelle les caresses.

Il fait de nombreuses études avant de commencer la grande toile. Il ne prend plus le temps de descendre déjeuner au Catalan, ce restaurant où nous avons nos habitudes. Il n'y a plus, le matin, le défilé de ces visiteurs qui faisaient antichambre avant même le lever du maître. Depuis le commencement de *Guernica*, il se lève tôt, il se couche tard. Il ne quitte pas l'atelier. Il ordonne de chasser les importuns. En revanche, il laisse entrer les amis, et même, aux heures interdites de l'après-midi et du soir, ceux qui peuvent comprendre et se taire. *Guernica* n'a pas à s'expliquer. C'est un tremblement tellurique. Ce sont les grandes plaques européennes qui frottent les unes contre les autres. Elles engloutissent dans leur faille les vivants. Ce n'est qu'un début, un premier coup de trompette. Il y aura sans doute pire que *Guernica*. Picasso le prévoit.

Je peins *Guernica*, mais *Guernica* englobe tout le reste, ce qui a été et ce qui sera. Allez et versez sur la terre les sept coupes de la fureur de Dieu.

Picasso ne veut pas de bavardages. Et, s'il fallait parler, ce serait à ce sourd de Goya qu'il préférerait s'adresser. *Fusillades du 3 mai 1808. Les*

Désastres de la guerre. Mon vieux Goya, je suis comme toi, tu n'as pas besoin de raconter une histoire. Tu laisses ça aux chroniqueurs ou aux évangélistes. Le monde est noir et l'instant aveugle. Il n'y a plus que des cris quand les mots ont disparu.

Après une dizaine de jours, quand il eut accumulé les études préalables, on se mit à hisser la toile. Ce n'était pas une mince affaire. Picasso la souhaitait la plus grande possible. Elle serait à la taille des Grands-Augustins et même un peu plus. En effet, avec ses huit mètres de large et surtout ses trois mètres cinquante de haut, elle outrepassait les dimensions de l'atelier. Il faudra la stabiliser en position légèrement inclinée vers l'arrière pour qu'elle trouve enfin sa place sous les grosses poutres en chêne massif. On réquisitionne tous les escabeaux de la maison et l'échelle du marchand de couleurs afin de faciliter les évolutions du maître. A le voir monter et descendre sans cesse les marches, je pense à Michel-Ange à la chapelle Sixtine, mais le marchand de couleurs en rajoute, faisant remarquer que Dieu même aurait eu besoin de rallonges.

Picasso m'a demandé de photographier l'œuvre dans ses différentes phases, non pour en fixer les étapes, mais pour en montrer les métamorphoses. Tu entres dans ma tête, dit-il. Tu montres comment le rêve, plutôt le cauchemaar, s'incarne dans la réalité de la création. Il s'en tient à ce genre de commentaire, persuadé que la réalité de *Guernica* n'a rien à voir avec les mots. Seule l'image photographique peut aider à raconter l'histoire de son tableau. Il me confie seulement avoir changé de point de vue depuis *Songe et Mensonge de Franco*. Dans sa bande dessinée, Franco était le mal, tout le mal. Aussi en avait-il fait un personnage grotesque. Dans *Guernica*, le mal n'a plus de visage et plus de forme. Ce n'est ni le taureau, ni le cheval, ni le soldat. Dans les guerres à venir, ajoute-t-il, on ne saura pas à quoi ressemble l'agresseur. Il n'y aura que des victimes.

Un après-midi où j'étais occupée à photographier les commencements de *Guernica*, Marie-Thérèse Walter est arrivée sans crier gare rue des Grands-Augustins. Je connaissais depuis toujours son existence et celle de sa fille, la petite Maya. Picasso m'avait parlé d'elles deux sur la plage de Mougins, et, quand je le voyais disparaître à la fin de chaque semaine, je savais où il allait. Il me parlait volontiers de Maya et je l'encourageais à le faire. En revanche, j'aimais moins qu'après m'avoir lu les lettres d'injures que lui envoyait quotidiennement Olga, il poursuivît la séance avec les billets doux de Marie-Thérèse, ajoutant en guise de commentaire qu'on avait beau dire, cette dernière était la seule à l'aimer vraiment. Elle, au moins, ce n'est pas le peintre qu'elle aime, c'est l'homme.

Quelle surprise ! s'est-il exclamé sans quitter son fauteuil. Je m'efforce pour ma part de poursuivre l'étalonnage de la lumière comme si de rien n'était. Il paraît certain que Picasso n'a pas prévu l'arrivée de Marie-Thérèse. D'habitude il se débrouille mieux avec ce genre de difficultés de la circulation. Marie-Thérèse tient à me montrer qu'elle ne vient pas rue des Grands-Augustins pour la première fois et qu'elle se moque de respecter les règles du partage de territoire. Elle répète : « Tiens, c'est encore changé ici. Pour un peu, je me sentirais étrangère. » Picasso s'est levé et tente mollement d'éviter la catastrophe : « Voyons, ma chérie, tu es chez toi ici. Et tout est à toi, *Guernica* est à toi ! Si tu ne vas pas à *Guernica*, *Guernica* ira à toi ! » Je trouve sa générosité déplacée. *Guernica*, non, je ne partagerai pas *Guernica* avec une autre. « Qu'est-ce que tu me racontes ? interroge Marie-Thérèse. De quoi s'agit-il ? C'est une invitation ? C'est le nom d'un restaurant ? Je ne comprends pas. » Sans importance, répond-il, cependant il l'entraîne devant le tableau. En le voyant, elle a un mouvement de recul qui signifie l'horreur plus que l'incompréhension. Il insiste. Il lui montre qu'elle figure sur la gauche avec son enfant dans les bras.

Elle dit :

— Je ne veux pas savoir. Tu sais que je n'aime pas ces choses-là. C'est toi que j'aime, pas ta peinture.

— Alors, pourquoi viens-tu ? Ici, imagine, on travaille.

A ce moment-là, je cesse d'être l'assistante qui se contente d'immortaliser les travaux du maître. Je me dirige vers Marie-Thérèse, et, lui tendant une main que je crois secourable et qu'elle ne veut pas saisir, je suis Dora Maar, dis-je.

— Je le sais que vous êtes Dora Maar et je m'en moque. J'ai un enfant de cet homme. C'est donc moi qui suis ici à ma place, pas vous. Vous pouvez ranger votre appareil et partir. Moi, je reste avec le père de mon enfant.

— Je ne lui ai pas donné d'enfant, et, à vous voir, je n'ai guère envie de lui en donner un, mais je me demande pour quelle raison votre présence pourrait interrompre notre travail.

L'aimable entretien ne semblant pas le concerner, Picasso s'en retourne à *Guernica*. Marie-Thérèse se précipite alors sur moi et veut m'arracher mon appareil-photo qui pend à mon cou au bout d'une fine courroie de cuir. Pour ne pas être étranglée, je suis dans l'obligation de me défendre. Marie-Thérèse a le double avantage d'une carrure athlétique et d'une fureur sans pareille. Le père de son enfant considère notre pugilat sans bouger. Peut-être étudie-t-il la ligne de nos corps. Après tout, nos postures de combat peuvent lui être utiles pour une figuration à venir.

Marie-Thérèse essaie toujours de faire glisser la bandoulière de mon appareil par-dessus ma tête, ce qui ne l'empêche pas de s'écrier à l'intention de l'arbitre : « Dis-le, toi, mais ose donc dire qui, de nous deux, a gagné ? Qui tu veux garder avec toi ? » L'arbitre se contente de rire, et, se référant à son œuvre : « Moi, répond-il, je suis là pour condamner toutes les violences, même les vôtres. » Yo, Ponce Pilate !

Marie-Thérèse lâche prise et fond en larmes. Je retourne à mon travail sans rien dire. Nous entendons les pas de la jeune femme s'éloigner dans la cour. Il ne s'est rien passé rue des Grands-Augustins.

L'orgueil m'empêchait d'être jalouse. Ce que nous partagions était unique et jamais je ne l'ai comparé à ce que Picasso avait pu vivre avant moi ou à ce qu'il vivrait ensuite avec d'autres femmes. Je sais qu'on m'attribue cette phrase : « Après Picasso, il n'y a que Dieu. » Si je ne l'ai pas dite, je le regrette. Et si je l'ai prononcée, je ne la renie pas. Je ne suis capable d'aimer qu'un être dont l'amour me rend unique. Je ne veux pas être la seule. J'exige d'être l'unique. Orgueil. Divin orgueil. A Dieu pourtant, je ne demande pas de n'aimer que moi, il me suffit que mon amour pour lui soit unique. Il ne m'a rien ordonné. C'est moi qui ai choisi d'exister dans cet amour-là.

Je pense à Akhenaton quand, le premier, il fit d'Aton le dieu unique sur la terre de Pharaon. Il souhaita qu'il fût représenté par un soleil rayonnant. Le dieu unique darde en signe de vie d'innombrables rayons. Le dieu singulier est aussi le dieu de tous.

Tu es mort et je suis à Ménerbes. Sans doute est-il plus facile de passer aux aveux quand les passions se sont tues. Clause de style. Car ces passions-là ne se taisent jamais. On a beau avoir souffert mille morts, et même la vôtre, mon amour, on a beau avoir abjuré à plusieurs reprises et renié sa foi au chant du coq dans les secousses des électrochocs, les passions reviennent en tapinois s'installer en vous, chuchotantes, pour l'éternité.

Si j'avais dû être jalouse, je l'aurais été de Maya ou de Nush. La première, fille de Picasso, faite à son image, aimée de lui plus qu'aucune autre femme et en toute innocence. Et Nush, innocence jumelle, avec sa beauté sans pareille, comme une enfance gardée intacte jusqu'à la mort trop brutale. J'aurais pu lui envier sa perfection d'avant le péché. J'aurais pu lui envier son don extra-ordinaire de susciter chez l'autre, homme ou femme, l'amour. Belle entre les belles, ma petite Nush que j'ai photographiée dans toutes les positions, que Picasso a dessinée avec une délicatesse de dentellière, qu'Eluard a aimée, idolâtrée et célébrée. Jusqu'au terrible *Nous ne vieillirons pas ensemble*, au lendemain de sa disparition. Jeune morte au corps gracile, nous t'avons épuisée de nos caresses et de nos regards. J'aurais pu être jalouse de toi, si je ne t'avais pas tant aimée et si tu ne nous avais pas quittés au pire moment.

Mais jalouse d'Olga ou de Marie-Thérèse, impossible. La première me vouait une haine que je pouvais comprendre et à laquelle je ne souhaitais pas répondre. Elle nous poursuivait partout de ses injures. Elle les envoyait chaque jour par le courrier et venait parfois les formuler en personne. Il arrivait qu'à Mougins ou ailleurs, elle s'assît à quelques mètres de nous deux et qu'elle feignît de poursuivre avec celui qui restait son mari — elle avait refusé le divorce — un prétendu dialogue à une seule voix, la sienne. Elle s'adressait à lui, marquait d'un silence le temps de la réponse supposée, puis renchérissait. Insupportable stridence. Craie sur le tableau noir. Dent de la fourchette contre la faïence du saladier. Pathos du monologue de Jean Cocteau *La Voix humaine*. Picasso l'avait aimée et elle ne s'en guérissait pas. Sa voix me faisait mal. Jamais elle ne parut m'annoncer mon propre destin. Orgueil sans doute. On peut aimer Mozart et ne pas vouloir entendre Leporello chanter l'air du catalogue. Chaque être est unique. Il n'y a guère que le serviteur de Don Giovanni et que les kapos pour le nier.

Cette jalousie pourtant, je ne me suis pas contentée de l'éviter. J'ai voulu la goûter, voire l'expérimenter. La fréquentation de Georges Bataille ne me prédisposait pas à la ressentir, celle de mes amis surréalistes non plus. A dire vrai, il y avait parfois loin de la théorie à la pratique. J'ai vu nombre de cyniques ou de soi-disant indifférents tomber, telle une Hermione, telle une midinette, dans les tourments de la jalousie.

Il m'est arrivé le samedi soir de prendre un taxi et de demander au chauffeur de me conduire au Tremblay-sur-Mauldre, à une quarantaine de kilomètres de Paris. C'est là que le marchand de tableaux Ambroise Vollard possédait une vieille maison dans laquelle il avait fait aménager un atelier. Il souhaitait prêter l'ensemble à Rouault, mais le peintre n'y avait jamais mis les pieds. Aussi, quand Picasso dut céder Boisgeloup à Olga, Vollard lui proposa-t-il l'atelier du Tremblay. En fait, il y installa Marie-Thérèse et Maya. Tout près de Paris et pourtant caché, le lieu convenait à une clandestinité que seules les œuvres de Picasso mettaient en lumière.

Je savais qu'il y allait à chaque fin de semaine. Il en ramenait souvent des tableaux qu'il me montrait aussitôt, surtout les portraits de Maya. Je n'ignorais pas non plus qu'il pouvait peindre dans la même journée mon portrait et celui de Marie-Thérèse avec un égal génie et un égal amour. Cependant, il avait beau nous affubler des mêmes robes et poser sur nos têtes les mêmes couronnes virginales, il n'y avait rien à faire, nous ne nous ressemblions pas. Tout était différent. Nos histoires, nos traits, nos désirs, notre amour, la couleur de nos cheveux, nos pensées et nos rêves.

Le chauffeur m'arrêtait devant la maison. Il devait être deux heures du matin. J'apercevais une lumière derrière les branches des arbres. Picasso devait travailler. Je pensais à l'enfant qui dormait dans la chambre à côté. Je pensais à la femme dont il avait fait de si beaux portraits en courbes et en langueur, dans le doux sommeil d'une sensualité repue. Je baissais la vitre et allumais une cigarette. L'héroïne ne faisait-elle pas ainsi dans les films de l'entre-deux-guerres ? Je me sentais souffrir et me roulais dans ma souffrance. Au retour, j'allais prendre un café avec le chauffeur du taxi dans un bar de Versailles ou au buffet de la gare. Une nuit, j'ai même poussé la délectation jusqu'à revêtir une robe de soirée avant de partir pour le Tremblay.

V

Picasso m'a encouragée à refaire de la peinture. J'avais abandonné dix ans plus tôt pour mieux me consacrer à la photographie. C'est au moment de *Guernica* qu'il m'autorisa à rester près de lui quand il travaillait. Personne n'avait jusque-là bénéficié de ce privilège. Attention, disait-il, les Grands-Augustins, ce n'est pas le cinéma permanent, si tu entres, tu ne ressors pas avant la fin de la séance, même pour acheter des caramels.

J'étais l'usurpatrice. La cour m'enviait, quant à Sabartès, le plus ancien ami du maître, et son factotum, il me détestait. Mon appareil-photo ne m'avait-il pas permis de m'introduire chez Picasso ? Pis, je n'avais pas disparu une fois le travail accompli. Que personne n'eût auparavant accès à l'œuvre en cours d'élaboration ajoutait encore à ma curiosité et à mon plaisir. Il est vrai que Picasso dut se résoudre à quelques concessions pour *Guernica.* Malraux fut accueilli deux fois. Quelques républicains espagnols firent escale. Eluard fut le plus assidu. Picasso interrompait son travail, leur parlait et les poussait vite vers l'escalier. Il n'y avait que Paul pour se glisser sans bruit vers un tabouret. Il ouvrait sur ses genoux son carnet et écrivait comme si le fait même d'être là l'inspirait. Il repartait une heure ou deux plus tard, sans que les deux amis eussent échangé le moindre mot. Ils aimaient communier dans le silence de leur travail.

J'avais aussi mon tabouret. Un jour, Picasso me tendit une petite toile vierge. Je compris que j'allais devoir relever le défi. N'avait-il pas accepté de se mettre à nu devant moi dans la plus impudique des postures, celle du créateur aux prises avec sa création ? A mon tour de sortir de ma guérite. Ma maladresse était sans importance. Qui n'eût pas paru maladroit face à Lui ? Seul l'échange comptait. Il avait pris mon visage et l'avait caressé, unifié, disloqué, sublimé par son talent. De même, je m'emparai du sien et tentai de faire son portrait. Icône majeure. Face et profils mêlés selon la méthode picassienne. Picassienne, dites-vous ? Oui, picassienne. Je ne voudrais pas revendiquer une antériorité, mais je ne peux m'empêcher de mettre en évidence un photomontage que j'avais réalisé cinq ou six ans plus tôt. La surimpression de deux négatifs conférait à ce double profil de femme une aura déjà picassienne. Avant que je ne te rencontre, peut-être guidais-tu déjà mes recherches.

Je dois ajouter une chose dont je suis seule à pouvoir témoigner. Ce portrait de Picasso que je réalisai en 1937, peu de gens l'ont vu, et personne n'a pu faire le rapprochement avec le tableau du maître, daté du 22 mars 1938, intitulé *L'Artiste devant sa toile*. Oui, le grand Picasso a repris et introduit dans son œuvre le dessin que j'avais fait de lui un an plus tôt. Je sais que l'ironie est présente dans le titre de l'œuvre : *L'Artiste devant sa toile*. Si Picasso a voué toute sa vie à l'art, il n'apprécie guère le mot Artiste, et encore moins celui d'Artiste peintre. A peine le prononce-t-il qu'il se croit obligé de l'affubler d'une majuscule de dérision et de prendre la pose, l'attitude « ivoirine », raille-t-il. Et pourtant cet *Artiste devant sa toile* ressemble fort à un autoportrait. Voilà donc que le grand homme en vient à se regarder par mes yeux et cela m'émeut plus que tout. Se trouvent effacées d'un coup quelques rumeurs stupides.

Que n'a-t-on pas dit en effet de ces *Femme qui pleure* qui s'inspirent de mon visage et le déforment dans les spasmes de la douleur ? Dora Maar pleure, mord son mouchoir et tire une langue de gargouille. Ses doigts ressemblent à des crocs. Ses yeux ont la forme des larmes. Ils sont troués de longs clous. Son front se gondole, se craquelle tel un vieux bitume. Où est la belle et jeune femme qui avait su résister à un Bataille et à ses exercices sado-mystiques ? On dit que Pablo la bat, qu'il est d'une violence inouïe avec elle, un vrai Espagnol, n'est-ce pas ? N'a-t-il pas déjà rendu folle sa première femme ? Parlez, parlez, il n'en restera rien. Le génie du peintre rend vos mots caducs. *La femme qui pleure* ? *La femme qui pleure* ? Picasso peignit en pleurs d'autres femmes que moi, soit ! Mais je veux bien être *La femme qui pleure*, mieux je la revendique. La preuve ? Il faudra attendre que je meure pour que, les portes du 6, rue de Savoie s'ouvrant, surgisse enfin toute une époque de l'art de Picasso, c'est-à-dire tout un pan du XXe siècle. Vous ne pouvez donc pas savoir que cette *Femme qui pleure*, loin de la créer contre ma volonté et même pour la briser, Picasso la construisit avec mon accord. J'ai accepté d'être la médiatrice de toutes les souffrances présentes et à venir, je l'ai désiré. La preuve ? C'est que la monnaie de cet échange se trouve être nos propres visages. Le premier rite initiatique qui marque mon retour à la peinture est le portrait que je fais de lui. Depuis Mougins, il m'a souvent peinte ou dessinée. Amour manifeste. Manifeste de l'amour. Au moment de conclure *Guernica*, quand je deviens *La femme qui pleure*, je m'empresse de lui emprunter cette mater dolorosa qui me ressemble. Je fais moi aussi plusieurs tableaux de *La femme qui pleure*. Mon but n'est pas de me réapproprier mon image. Je ne l'ai pas perdue en l'offrant à Pablo. Ma démarche s'apparente plutôt à celle du peintre d'icône dont la main se laisse guider par Dieu. Et moi, je laisse mon geste accomplir une double volonté. Celle de Pablo et celle de Dora. La sienne et la mienne. Le visage retrouve sa signification des origines. Ce que je vois de l'autre, ce qu'il voit de moi. Ce que je lui prends, ce qu'il me donne. Zone érogène à la rencontre du portrait et de l'autoportrait, du personnage et de soi-même. Ce n'est pas moi qui pleure. Je pleure pour les autres. Larmes sacrificielles pour un temps qui ne manquera pas de vraies larmes.

Nous avons pratiqué à cette époque toutes sortes de jeux à quatre mains. Je me rappelle les peintures sur verre représentant mon visage. Nous les obtenions par contact avec ce papier argentique que Picasso avait rebaptisé papier d'Argentine, en l'honneur de mon enfance aux antipodes. Cette technique me venait de Man Ray dont j'avais un temps partagé l'atelier. Elle consistait à créer des images sur papier sensible sans se servir d'un appareil-photo. Picasso l'expérimenta avec son insatiable appétit, surimpressionnant mon portrait à l'huile sur verre d'une dentelle, d'une plume d'oiseau, de ma propre main. Qui faisait quoi ? Nous ne voulions pas le savoir. Pablo avait réglé la question. Ces œuvres-là seraient des Picamaars. Tête de Pica. Corps de Maar. A moins que ce ne fût le contraire. J'avais cru bon de renchérir pour dissimuler mon trouble sous la désinvolture : Picamaar et Cie ? Non, avait-il tranché, Picamaar. Picamaar tout seul, comme un grand. Picamaar est un sacré costaud qui se fout de la compagnie.

La femme qui pleure ose le dire, elle fut heureuse en ces temps-là où le monde courait à sa perte. Ce n'était même pas une apocalypse joyeuse comme à Vienne avant le précédent naufrage. Le prélude de *Guernica* introduisait la note tragique et nous étions bien placés pour l'entendre. C'était pourtant nos années amoureuses et *La femme qui pleure* était heureuse. Je sais que cette vérité n'est pas bonne à dire quand on se prétend *La femme qui pleure*. Demande-t-on à la Pietà de Michel-Ange si elle allait s'encanailler dans les bordels du Trastevere ? Ou à l'Olympia de Manet, de son vrai nom Victorine Meurant, si elle était pucelle ? Eh bien ! *La femme qui pleure* de Picasso n'est pas celle que vous croyez. La dynamite de la douleur a beau faire exploser son visage, elle est en vérité une femme qui aime, qui jouit et qui crée.

Elle n'ignore pas qu'il y a péril en la demeure. Elle a été révolutionnaire dans le groupe Contre-Attaque. Certes ses mots vont plus loin que ses actes, mais elle a pourtant poussé Picasso, avec l'aide d'Eluard, à prendre clairement position en faveur de ses compatriotes républicains. Elle est une militante à l'exaltation aussi prompte qu'éphémère.

La survenue de l'amour a disloqué son être. Elle s'est faite chimère. Assemblage monstrueux de pièces disparates. Sous le visage de *La femme qui pleure*, Picasso pourrait peindre un corps rond et chaud, le mien, encore alangui par l'étreinte, la sienne. Dans ces années sombres, je suis à la fois *La femme qui pleure* et la femme qui jouit.

Paradoxe de Dora. Comment ai-je pu vivre ma vie à contre-courant ? Quand l'horreur lâchera prise et que Paris sera libéré, je m'enfoncerai dans ces limbes effroyables où l'on ne sait plus qui on est, où la perte de l'autre devient son propre châtiment.

> Vois comme l'amour est fort,
> Vie, ne me sois pas importune,
> Il ne te reste déjà plus
> Qu'à te perdre pour te gagner.

Tu me disais que, dans *Guernica*, j'étais la porteuse de lumière. C'est ainsi que tu me voyais. Le fanal à la main, cherchant une issue au milieu du carnage. Mais j'étais toi aussi car je t'avais emprunté ton geste. Il y a longtemps en effet, avant les Grands-Augustins, quand tu habitais encore rue La Boétie, je te quittais en pleine nuit pour regagner le domicile de mes parents, déjà au 6, rue de Savoie. Le corps penché au-dessus de la rampe d'escalier, tu éclairais ma route avec une lampe-tempête.

Je regarde les clichés de *Guernica* que j'ai faits aux différentes stations de ce chemin de sang, la femme à la lampe-tempête est là, inchangée, du premier jusqu'au dernier. Tout s'est modifié autour d'elle, le cheval, le taureau, le soldat, les autres femmes. On dirait que les différentes composantes du tableau viennent organiser leur enchevêtrement autour de cet axe immuable.

A Ménerbes, comme tous les soirs, après avoir refermé le cahier où j'écris, je me mettrai à la fenêtre et je referai le geste de *Guernica*. Ma lampe-tempête n'éclairera que ton souvenir qui n'en a pas besoin. Du sommet de mon fortin, je devine loin en contrebas les vignobles et les fermes, le halètement joyeux des vacances et toute la plaine dans la chaleur et le grésillement de l'été. La mer, même la mer ne me manque plus. Comment ai-je pu être si agitée ? Aujourd'hui l'immobilité me convient. Je me demande parfois si je ne vais pas oublier de respirer.

Demain je me ferai conduire en Avignon. J'irai voir au palais des Papes ton exposition. Il y a trois mois que tu es mort. Pourquoi marches-tu si loin devant moi ?

clo
plu
ten
l'a
A
lor
cep
ca
zou
cal
c
l'
ro
sou
ra
al j
s'es
ser
Il m
fa

VI

L'année 39 avait mal commencé. Picasso était cloué au lit par une sciatique et il n'existait pas de plus mauvais malade. Il me demandait de venir lui tenir compagnie tous les soirs. Même s'il ne l'avait pas exigé, je l'aurais évidemment fait. A condition de ne pas me voir interdit l'accès des Grands-Augustins par Sabartès. Il venait de reprendre auprès de Picasso un service à plein temps : secrétaire, archiviste, confident, garde du corps, souffre-douleur... Je dois avouer qu'il assurait ses multiples fonctions avec une totale sincérité et une rare abnégation.

Picasso avait pour m'accueillir tout un florilège de propos amers. Alors, tu viens voir un homme couché ? Comment dit-on dans ta langue ? Un grabataire, c'est ça ! Qu'est-ce que ça te fait, toi, si jeune, de te rendre au chevet d'un grabataire ? J'essayais de ne pas parler de sa maladie et de puiser pour le distraire dans mon stock d'anecdotes. Il m'arrivait même de téléphoner à des amis ou de faire un saut au Flore avant de le rejoindre pour mieux alimenter en informations toutes fraîches ma chronique quotidienne. Il raffolait de ces potins semi-mondains dont il ne perdait pas un mot. Ce qui ne l'empêchait pas de me reprocher après coup ma futilité. Ne souffrait-il pas comme une bête ? Et moi, indifférente, je me contentais de gazouiller auprès de lui.

A peine guéri, il apprit à la fin janvier que Barcelone était tombée, et, deux jours plus tard, que sa mère était morte au moment où les troupes franquistes s'apprêtaient à entrer dans la ville. Il perdait en même temps sa mère et son pays. Il ne reverrait jamais ni l'une ni l'autre. L'angoisse le broya.

Sa peinture devient terrifiante. Lui qui aime tant les animaux, lui qui ne peut vivre sans eux, il les transforme sur la toile en bêtes d'apocalypse. Tout y passe. Les coqs, les têtes de mouton et les chats aux griffes assassines. L'univers se met à grimacer et Picasso est saisi de panique. Il prophétise. Paris va être bombardé, tous ses tableaux seront détruits. Encore heureux que, cette année-là, ils soient exposés partout à l'étranger. A Londres, à New York, à Chicago, à Los Angeles. Ces œuvres-là échapperont au moins à la destruction de Paris. *Guernica* a déjà quitté la France l'année précédente. Il a été montré à Londres, à Leeds et à Liverpool. Les foules se sont précipitées, et, contre toute attente, c'est un grand succès populaire. En 1939, *Guernica* est à New York, au musée d'Art moderne. Picasso est loin de se douter que, trente-quatre ans plus tard, à l'heure de sa mort, lui-même n'aura pas revu l'Espagne et son œuvre la plus célèbre se trouvera toujours à Manhattan.

L'angoisse monte à la fin du jour. Il ne veut pas qu'on éclaire. Il parcourt dans tous les sens les pièces pourtant encombrées de la rue des Grands-Augustins, répétant les mots de Rimbaud : quel saccage au jardin de la beauté !

L'été n'eut pas la splendeur des matins de Mougins. Pourquoi avait-il eu l'idée saugrenue d'accepter l'invitation de Man Ray ? Celui-ci possédait un grand appartement au septième étage d'un immeuble d'Antibes et il nous le prêtait pour la durée des vacances.

Malgré la vue magnifique, je regrette aussitôt l'hôtel Vaste-Horizon, sa terrasse, les canisses, Paul qui parlait des heures et des heures avec Picasso, Nush qui dansait pour nous comme au temps du Grand-Guignol. Je regrette Lee, la belle Lee Miller. L'année précédente à Mougins, nous partions toutes les deux pour la chasse photographique et nous faisions alterner le bruit de nos déclencheurs, ne baissant la garde qu'au moment où l'une photographiait l'autre. Que sont-ils devenus, les chers amis ? Il ne reste plus que Sabartès qui suit partout Picasso avec la mine réjouie de la duègne venue tout droit de l'Escurial.

Peu de temps après notre arrivée à Antibes, nous apprenons la mort d'Ambroise Vollard. Mort incroyable pour un marchand d'art. Il dormait paisiblement dans sa voiture. Marcel conduisait. Son chauffeur s'appelle aussi Marcel, au reste Picasso songera un moment à changer de chauffeur pour détourner la malédiction liée au prénom, puis il se ravisera, il est attaché à son Marcel. Vollard transportait ce jour-là une petite sculpture de Maillol que le marchand avait fait placer sur la plage arrière. La voiture fit une légère embardée et la sculpture alla heurter sa tête. Il mourut la nuit suivante dans une clinique de Versailles. L'art qui avait été sa vie fut aussi sa mort.

Nous pensons à ce portrait que Picasso fit de lui au printemps 1910 et qui reste un des plus réussis de sa période dite cubiste. Bouleversé par cet accident absurde, il retourna quelques jours à Paris avec Marcel et Sabartès. Les obsèques eurent lieu à Sainte-Clotilde.

Le 15 août, Picasso termine son dernier tableau de l'entre-deux-guerres. Nous venons d'une guerre, nous ignorons que la suivante sera là dans quelques jours. Nous le redoutons. Fatalité du compte à rebours. On l'appellera *Pêche de nuit à Antibes*, ce dernier tableau d'une ancienne vie. Je me souviens du pressentiment qui m'avait envahie. Je voulais le taire, mais il devait être assez manifeste pour que Picasso me mette en garde. « Je t'en prie, n'ajoute rien à la tragédie. Ne me dis pas que ça va mal tourner. Regarde, je viens de te peindre, insouciante, à droite du tableau, avec ton vélo. Tu suçotes un cornet de glace avec deux boules. La vie n'est-elle pas belle à Antibes ? Alors, contente-toi de ressembler à ton image. Tu n'es plus aujourd'hui *La femme qui pleure.* Tu n'es pas Cassandre. Tu es une jolie femme en vacances, à Antibes. »

C'est la version rose. Je sais qu'il n'en croit pas un mot. Il sait que je sais, et c'est bien ce qui lui rend parfois ma présence insupportable. *Pêche de nuit à Antibes* n'est pas un tableau pittoresque. Sa structure rappelle celle de *Guernica*. C'est à peine si le lamparo remplace ma lampe-tempête. Les couleurs sont sombres et pas seulement parce qu'il fait nuit. Il y a quelque chose d'inquiétant.

Une semaine plus tard, c'est le pacte germano-soviétique. Deux jours après, le 25 août, nous quittons Antibes. Picasso prend le train avec Sabartès et moi. Marcel remonte avec l'Hispano, les toiles, le matériel, les bagages. Le monde va s'engloutir.

Picasso n'est pas un soldat. Il n'a porté l'uniforme que le temps d'un cliché. En 1909, il se fait photographier dans la tenue de son ami Georges Braque qui fait son service militaire. Lors de la déclaration de la guerre, en 1914, il a trente-trois ans, mais il n'est pas mobilisable. Il est espagnol. *Guernica* manifeste avec éclat sa position en faveur des républicains. La peinture est sa seule arme. En 1939, il est toujours espagnol, même s'il se trouve condamné à ne jamais retourner dans son pays. De plus, il va avoir cinquante-huit ans quand la guerre commence.

Sa position est sans aucune ambiguïté. Au reste, il n'a pas le choix. Sa peinture témoigne irrévocablement contre lui aux yeux des fascistes. Il est le principal représentant de la peinture dégénérée. Au retour de leur voyage organisé par la propagande allemande, Vlaminck et consorts ne se priveront pas de le dénoncer dans la presse collaborationniste. A aucun moment, Picasso n'envisagera de quitter la France comme le font nombre de nos amis. Les invitations ne manquent pourtant pas.

Depuis *Guernica*, sa position est claire. L'ennemi, c'est le nazisme. Quant à sa situation personnelle, elle se résume à deux interrogations. Mon œuvre risque-t-elle d'être anéantie ? Vais-je pouvoir continuer à travailler ? Artiste génial et monomaniaque — le génie n'est-il pas toujours monomaniaque ? —, toute sa vie, de l'enfance jusqu'à la mort, passe par le tamis de la peinture. *La piz* signifie crayon en espagnol. La mère de Picasso prétendait que c'était le premier mot que son fils avait prononcé, avant maman ou papa. Pablo m'avait aussi confié quelques mois plus tôt, au moment de la mort de sa mère, qu'elle avait cherché à dissuader Olga d'épouser son fils. Son enfant, disait-elle, était déjà marié. « Je crois qu'aucune femme ne pourra être heureuse avec lui. Il n'appartient à personne, il n'appartient qu'à la peinture. » La cause était entendue et je sentais bien qu'il me rapportait ces propos-là en y ajoutant un soupçon de cruauté. S'il souffrait, il voulait que je souffre aussi. C'est ainsi que la mariée devenait grotesque et que je me retrouvais en *Femme qui pleure* ou pis, en *Grand Nu se coiffant*.

Je n'ai jamais rencontré doña Maria Picasso y Lopez, la mère de Pablo, je le regrette. Sans doute ne m'aurait-elle rien appris de nouveau. J'étais censée ne pas ignorer que son fils était voué tout entier à son art et que l'art le lui rendait bien. Mais, quand on aime, désire-t-on vraiment savoir ?

Picasso ne me cachait rien. Il feignait de me croire assez forte et assez lucide pour affronter les circonstances difficiles. N'avais-je pas connu Georges Bataille ? N'était-ce pas l'épreuve qui vous mithridatise pour le reste de vos jours ? Alors, pourquoi prendre des gants avec moi ? N'avais-je pas, avec mes talons hauts et mes chapeaux, une bonne tête de plus que le petit grand homme ? Il m'arrivait pourtant d'avoir mal. Je ne lui en ai jamais rien dit. Je m'enfermais dans le silence de la femme soi-disant forte que je n'étais pas et qui n'était pas son genre. Plus je me taisais, plus il faisait dire à mon image ce que je ne voulais pas avouer. Le visage qu'il me donnait était souvent plus près de ma réalité intime que celui, maîtrisé, composé, maquillé, que j'offrais aux autres. L'impudeur était là et jamais dans la nudité.

A la déclaration de guerre, nous partons pour Royan. Pourquoi Royan ? Parce que Marie-Thérèse et Maya s'y trouvent en vacances et que Picasso a décidé qu'il était plus sûr qu'elles y restent.

Aux Grands-Augustins, nous tentons de rassembler les œuvres et de les mettre à l'abri. Picasso est obsédé par les bombardements. Il répète que les civils seront les premiers touchés comme dans *Guernica*. Il dit aussi qu'il n'y aurait qu'un seul lieu de haute sécurité pour ses œuvres, ce serait les caves du Louvre. Notre-Dame et le Louvre sont à l'abri, ils n'oseront pas. Mais à quoi bon y songer ? Déjà que je n'ai pas droit aux murs du Louvre, alors les caves... ! Moi, l'ex-directeur du Prado, désigné par la défunte République espagnole, dire que le Louvre ne veut pas de moi !

Il faut faire vite. En vertu de sa nationalité allemande, Max Ernst est interné près d'Aix-en-Provence. Eluard est redevenu le lieutenant Eugène Grindel, malgré ses quarante-quatre ans et sa santé si fragile. Et c'est pourtant lui, Eluard, qui écrit au président de la République, Albert Lebrun, pour lui demander la libération de Max Ernst, et il l'obtient.

Picasso s'impatiente. Il faut partir. S'installer n'importe où. Une seule chose compte. Travailler. Il n'est plus question de laisser la préservation des œuvres passées hypothéquer la création à venir. On entasse tout dans l'Hispano. Le maximum de matériel, le chien Kazbek, Sabartès et sa femme, Picasso et Dora. Marcel conduit. Direction Royan. Nous roulons de nuit.

L'Atlantique au bout du long voyage. L'Atlantique au plus loin de la ligne Maginot. L'hôtel porte un curieux nom et je ne me rappelle plus pourquoi. L'hôtel du Tigre. A peine arrivé, Picasso se met au travail. Il ne jette qu'un coup d'œil par la fenêtre. Son commentaire est ironique : « Ce serait le rêve pour un Artiste peintre ! »

En fait, nous ne cesserons pas d'aller tous deux de Royan aux Grands-Augustins. A Paris, il doit, en tant qu'étranger, se mettre en règle avec l'administration. J'en profite pour me précipiter chez mes parents où ma mère me reçoit de plus en plus mal. Elle trouve scandaleux que je vive avec un homme qui n'est pas mon mari. De plus, n'a-t-il pas le double de mon âge ? Elle ne manque jamais d'ajouter que sa « notoriété » — elle affectionne ce mot-là —, sa notoriété donc ne change rien à l'affaire. Je suis la victime de cet homme comme elle est depuis toujours celle de mon père. Histoire ancienne. Mon enfance fut abreuvée de confidences qu'elle me faisait ingurgiter comme on gave une oie et mon sevrage eut lieu fort tardivement. Au reste, nos échanges restent codifiés. Je m'attends chaque fois à la même question. Est-ce que l'homme à la grande notoriété va se décider un jour à divorcer de sa Slave ? C'est évidemment d'Olga qu'il s'agit. Ma mère sait très bien que je ne manquerai pas à mon tour de lui répondre par la même question :

— Et toi ? Quand divorceras-tu de ton Slave ?

— Je suis catholique. On ne divorce pas, même d'un Slave. Et puis, Dora, c'est de ton père qu'il s'agit. J'ai tout supporté pour toi. Tu avais besoin d'un père. Tu ne t'en souviens pas, toi, de ce que j'ai subi. Je suis sûre que tu ne t'en souviens pas. Tu étais trop jeune, tu ne peux pas t'en souvenir...

Si maman, si. Je m'en souviens. J'en sais plus que tu ne crois. A Buenos Aires, j'entendais de ma chambre ce qui se passait dans les pièces voisines. Loin de tendre l'oreille, j'aurais voulu parfois couper le son comme je le fais aujourd'hui avec ma radio qui, à Ménerbes, me suit partout. Des scènes de jalousie, des prénoms féminins qui traversaient la paroi vitrée séparant ma chambre du salon. Je savais que, le lendemain matin, ma mère s'empresserait de me parler de ses soupçons et de ses certitudes. Le chemin de mon père ne pouvait croiser celui d'une femme sans qu'aussitôt ma mère ne bâtît un roman. A croire que le tango lui était monté à la tête.

Je ne devais avoir guère plus de cinq ans qu'elle me faisait déjà la confidente de ses tourments. Mon père, surprenant nos chuchotis, tenait sa cause perdue. J'étais contre lui l'alliée de ma mère. Ils avaient maintes fois tenté de se séparer sans jamais y réussir. Ce feuilleton aux multiples rebondissements avait été le drame de mon enfance et de mon adolescence. Il y eut encore de nouveaux épisodes à Paris. Et puis, de fausses sorties en vrais retours, mon père trouva enfin son rythme. De temps en temps, il quittait la rue de Savoie et allait vivre à l'hôtel. Mais il continuait à veiller sur nous.

Il avait ses habitudes à l'hôtel du Palais-d'Orsay, à quelques centaines de mètres de l'appartement conjugal. Il en revenait comme d'un long voyage et se réinstallait rue de Savoie avec un cadeau pour ma mère et un cadeau pour moi. Ses fantaisies avaient cessé au début de la guerre. Je suis persuadée qu'à l'hôtel d'Orsay il ne faisait rien que la morale réprouvât. Sans doute avait-il envie d'être seul, loin des reproches de ma mère, dans la proximité d'une gare qui évoquait pour lui les voyages de sa jeunesse. Quand il fut veuf, il alla s'installer définitivement à l'hôtel, me laissant l'appartement de la rue de Savoie. Il y vécut vingt-cinq ans. Tous les dimanches, nous déjeunions ensemble au restaurant du Lutétia. Nous nous sommes longtemps aimés.

A Royan, Marie-Thérèse habitait la villa Gerbier-des-Joncs. Picasso et moi, nous vivions à l'hôtel du Tigre. De plus, dans l'hiver 40, il trouva à louer un appartement dans la villa Les Voiliers, sur le front de mer, qui lui servit d'atelier. Cadet Rousselle avait donc trois maisons dans une petite ville peu animée. Malgré sa science subtile des chassés-croisés, il était fatal que, Marie-Thérèse et moi, nous nous rencontrions. D'autant plus que mon amie Jacqueline Lamba, l'amour fou d'André

Breton, vint nous voir à Royan et que sa fille, Aube, devint la grande amie de Maya. Nous avions à faire bonne figure devant l'exigeante société des enfants. Entre Marie-Thérèse et moi, le ton fut plus amène qu'aux Grands-Augustins où notre première entrevue avait tourné au pugilat. La ravissante Jacqueline savait apaiser les conflits.

Comme mes amies étaient belles en ce temps-là. Où êtes-vous, Nush, Lee Miller, Jacqueline Lamba ? Mes yeux se sont-ils usés ? Suis-je devenue une vieille femme blasée ? Je ne vois plus aujourd'hui de semblables beautés, même au cinéma.

Un jour où Picasso savait que j'avais rencontré, dans l'après-midi, Maya avec la petite Aube, il me demanda : « Est-ce que ça ne te donne pas des idées ? » Il se trouve qu'il venait de me dessiner, tendre, apaisée, comme aux premiers temps de Mougins. Il m'avait offert le dessin avant de répéter : « Ça ne te donne pas des idées, ma douce ? » Je n'avais pas répondu. Je ne pouvais pas lui dire que, loin de me donner des idées, l'exemple de Marie-Thérèse m'interdisait de l'imiter. Non que Maya ne me parût pas la plus charmante des enfants, mais je n'aimais pas la manière dont Marie-Thérèse s'effaçait derrière sa fille, se servant d'elle pour retenir le père. Sans doute ma jalousie, même si je répugne à en reconnaître l'évidence, me rendait-elle sévère à l'égard de Marie-Thérèse. Etre à dix-sept ans la maîtresse cachée d'un homme illustre, puis, sans jamais sortir de cet incognito, la mère d'une enfant privée officiellement de père — on parlait avec dégoût, à l'époque, de fille-mère — n'était certes pas facile. Il fallait que son amour fût vrai et qu'elle éprouvât un souverain mépris du qu'en dira-t-on. Je la voyais parfois jouer avec sa fille sur la plage de Royan, en plein hiver. Grande, blonde et ronde, elle semblait s'épanouir dans un monde qui n'appartenait qu'à elle, baigneuse mutante du Picasso des années 30.

Il n'avait pas tort de souligner que Marie-Thérèse aimait en lui l'homme, non le peintre. Le peintre, elle ne le connaissait pas, elle ne voulait pas le connaître. Au reste, il aurait pu dire à peu près la même chose d'Olga. A peine avait-elle entr'aperçu en lui le peintre qu'elle avait demandé qu'on le lui changeât. Surtout pas celui-là. Elle en voulait un autre, plus académique, plus poli. Foin du génie qui bouscule tout sur son passage et vive les conventions et la ressemblance ! Alors que Marie-Thérèse cherchait à ignorer ce que le peintre faisait de son image, Olga, elle, ne voulait pas être violentée. L'une lui avait fait un garçon, l'autre une fille. Aucune n'avait arrêté la main, le bras, le cerveau triomphant de Picasso. Il court, il court, le génie du bois, mesdames. Il a un pinceau à la place du cœur. Non, à la place du sexe. A l'origine du mot pinceau, il y a *peniculus*, en latin petit *penis*. En ce qui concerne Picasso, ce diminutif était plus touchant que réaliste.

Orgueil. C'est vrai que je voulais être aimée de lui, mais je voulais être aimée pour moi. Le Picamaar était une œuvre, non un enfant. De plus, je ne me sentais pas le droit d'engager le destin d'un innocent dans une histoire que je vivais avec une passion telle que j'ignorais si elle aurait un terme et encore moins une issue. On n'élabore pas des projets d'avenir quand on est dans l'œil du cyclone.

— Est-ce que ça ne te donne pas des idées, ma douce ?

Je finis par répondre qu'on ne faisait pas naître des enfants par temps de guerre.

— Avec un père comme moi, un enfant ne risque rien.

Je me taisais et il n'aimait pas mon silence.

— Tu es la seule femme qui ait douté de ma création.

— De ta création ?

— Oui, de mon fils, de ma fille. Ne sont-ils pas mes œuvres ? Mes œuvres sans repentirs !

— Je ne doute ni de ta création ni de ton œuvre. Encore moins de ton œuvre...

— Mon œuvre, mon œuvre... Que restera-t-il d'elle après la guerre ? Et cette guerre, finira-t-elle jamais ? Je vais avoir soixante ans, Dora, et, même aux pires moments, je n'ai pas vraiment eu peur de me tromper. Il y a eu des crises. Certaines, épouvantables. Plus j'étais jeune et plus elles étaient difficiles à surmonter. Mais jamais je n'ai craint de faire fausse route puisque c'était ma route.

« Il y eut des repentirs, des tableaux abandonnés, au point d'établir une règle de l'inachevé. Une œuvre n'a pas de fin. Jamais, jamais, même quand mon bras et mon cerveau étaient épuisés, quand ma tête éclatait comme si on y avait mis à germer des haricots, jamais même au moment des *Demoiselles* ou du *Portrait de Gertrude Stein*, je n'ai cessé de penser que c'était mon chemin, que j'avais fini par le trouver, qu'il ne pouvait être différent et que c'était tant mieux s'il me surprenait moi-même. La difficulté venait des autres. Ils n'étaient pas prêts à recevoir les *Demoiselles*. Ceux qui m'aimaient me croyaient fou, ou ils avaient peur que je me suicide. L'œuvre effrayait. Le fétiche n'allait-il pas tuer le féticheur ?

« Je n'ai pas eu l'intention de mettre fin à mes jours. Je devais faire du temps mon allié. Je devais le gagner, le préserver, l'utiliser. C'était un devoir. Pense à Titien qui déploie son œuvre sur près d'un siècle et au malheureux Giorgione qui ne dépasse guère la trentaine.

« Aujourd'hui j'ai peur de voir anéanti tout ce que, depuis plus de quarante ans, j'ai sorti de moi. Qui se rappelle qu'il y a eu des peintres dans la Grèce ancienne ? Leurs œuvres ont été effacées. Encore a-t-il fallu des siècles et des siècles pour les anéantir. Les miennes, le dieu de *Guernica* peut en venir à bout en quelques bombardements. »

Il n'y avait qu'un remède à cette peur. Se remettre au travail. Le fil devait rester tendu entre son œuvre et lui.

C'est le joli mois de mai. A Paris, nous voyons le cher Paul en permission. Le 10 mai, les troupes allemandes attaquent la Hollande et la Belgique. Le 13, c'est le commencement de la fin. Nous rencontrons Matisse qui va chez son tailleur. Lui non plus ne voudra pas quitter la France. Il ne sait pas que le front vient d'être enfoncé.

— Mais alors, nos généraux, qu'est-ce qu'ils font ?

Picasso lui répond avec sérieux :

— Nos généraux, c'est l'Ecole des beaux-arts !

Le 16 mai, nous repartons pour Royan. Les réfugiés arrivent de Belgique et du nord de la France. C'est le terrible exode.

Picasso commence les dessins préparatoires à la *Femme nue se coiffant*. Une géante. Une monstresse. Elle toise et se contorsionne et piétine. Un sein sous le bras, l'autre par-dessus l'épaule. Le ventre gonflé, les côtes saillantes. Le maquillage accentue le désordre du visage. C'est une mère Ubu qui détruit tout sur son passage. Une femme gracieuse comme un tank. Hideuse. Prétentieuse. Un portrait en contre-plongée. Une vamp dévoyée. L'icône du saccage. Picasso ne démontre pas. Il montre. Il montre la monstresse. Nous sommes en juin 40.

VII

Il n'a pas regardé Royan. Il se sentait le prisonnier de l'histoire.

Quand l'été 40 arriva, le nombre de réfugiés et leur détresse ne donnaient pas envie d'admirer la perspective ensoleillée de la Grande Côte, les tentes rayées de rouge et de blanc. Déjà l'armée allemande défilait à Paris sur les Champs-Elysées. L'été n'était pas l'été et nous avions perdu le goût des villégiatures. L'an dernier, nous étions à Antibes, mon amour. L'an dernier, nous ne savions pas. L'an dernier, il n'y avait eu ni la guerre ni la défaite.

Soudain, le 11 août, le peintre de *Guernica* dessine deux autoportraits. Le fait serait peu significatif si Picasso n'avait évité sa propre image depuis la mort d'Apollinaire. Son ami fut terrassé par la grippe espagnole la veille de l'armistice de 1918. Se regardant dans le miroir de l'hôtel Lutétia où il vient d'apprendre la funeste nouvelle, Picasso se jure de ne plus faire d'autoportraits. Il a perdu et son ami et son image. D'une guerre l'autre, il retrouve son reflet à Royan dans l'eau d'un même désespoir et d'une même solitude. N'est-ce pas le rôle de la guerre de dénouer les vies et les étreintes ? Je sentais Picasso m'échapper. Il ne m'avait jamais appartenu.

Il y eut pourtant des moments où notre union pouvait se comparer « au fait de deux cierges tellement rapprochés qu'ils ne donnent qu'une seule lumière, mais qui peuvent être séparés l'un de l'autre ; je dirai encore comme la flamme, la mèche et la cire qui ne forment qu'un seul cierge, mais qui peuvent également se diviser et subsister séparément ». C'est Thérèse d'Avila qui parle dans *Le Château intérieur*.

Avant de quitter à jamais Royan, il regarde enfin la ville. Le 15 août 40, il peint *Le Bar des Bains*, célèbre café au centre de la vie mondaine. Cliché de vacances ? Non, dernier signal émis par le vaisseau qui va disparaître. Couleurs gaies, rythmes swing, palette entre-deux-guerres. Nostalgie comme une prescience du pire. Car tout sera rasé. Il ne restera rien. Casino fendu en deux, maisons écroulées, incendiées. Des mois de combats. Des centaines et des centaines de morts. Et, au milieu de ce saccage, l'absurde qui gangrène l'atroce, le soupçon qui s'infiltre. Cette grande démolition était-elle nécessaire ?

Je suis retournée à Royan, il y a une dizaine d'années, peut-être davantage. Tu étais toujours dans ma vie, tu ne cesseras jamais de l'être, mais je n'étais plus dans la tienne, et la ville où nous nous étions aimés avait disparu. Le soleil, la mer, la grande plage, les tentes rayées de rouge et de blanc, le cri des enfants. Il y avait tout. Sauf toi. Tout, sauf Royan.

J'avais lu ce qui s'était passé. L'histoire de la trop fameuse « poche » de l'Atlantique. Mais sur place, toutes les voix me la rappelaient. En septembre 44, les Forces françaises de l'intérieur encerclent Royan où se trouvent cinq mille Allemands qui verrouillent le port de Bordeaux et huit mille civils français. Les troupes de l'Atlantique ne parviennent pas à prendre la ville. Le 5 janvier 45, la Royal Air Force anéantit la ville sous les bombes sans détruire les défenses allemandes. Anglais, Français et Américains se rejettent la responsabilité de ce bombardement inutile. Les FFI reprennent l'attaque avec les troupes régulières, aucun résultat. Le 15 avril, Royan est bombardé par les Américains qui expérimentent du même coup le napalm : 725 000 litres déversés sur Royan. Les Alliés entrent enfin dans une ville dont il ne reste rien. Ce rien n'en finit pas de flamber.

J'avais beau regarder la nouvelle ville, je ne la voyais pas. Pis, je ne parvenais plus à reconstruire par la pensée ce qui avait existé. La plage d'autrefois. Le *Bar des Bains*. Marie-Thérèse et Maya. Picasso dans la villa Les Voiliers. Et moi, sur mon vélo, ma palette et mon matériel dans le porte-bagages. J'avais pris soin de lui dire à quelle heure je passerais en vélo sur la promenade et je voyais Picasso écarter le rideau du deuxième étage et me faire signe. Il y eut ensuite la survenue des Allemands, alors la jolie bonbonnière n'eut plus à offrir qu'un poison mortel.

De tout cela, je n'ai rien oublié. Je peux retrouver le moindre détail. Pourtant, sur les lieux mêmes de ce qui avait existé, tout m'échappait. Il n'y avait rien d'autre que ce décor fantomatique qui était à ma propre histoire ce que l'antimatière doit être à la matière. On se réveille ainsi après les électrochocs. Douleur et oubli dans les jardins de Sainte-Anne. Les esprits, tout comme les villes, ont leurs bombes incendiaires.

Pour mieux définir ce sentiment de vide, d'effacement et de lassitude mêlés, je pourrais évoquer son contraire. A l'opposé du Royan martyr, il y a Avignon, dure et venteuse, Avignon, vivante quand Picasso s'expose au palais des Papes. Plénitude et énergie. Et cette euphorie, le sentiment de rentrer à la maison, de retrouver ce que l'on n'a jamais voulu quitter.

J'ai vu par deux fois Avignon repeinte aux couleurs du peintre. Par deux fois, j'ai tenu à faire seule la visite. Eté 70. Il est vivant et je ne l'ai pas revu depuis quinze ans. Eté 73. Il n'est plus. Dans son dernier autoportrait, il regarde en Espagnol la mort en face. Il la défie. De simples crayons de couleur pour ce dessin du bout du monde. Limbes entre vie et mort. Pic de l'extrême. Ton regard, toujours lui, est plus que jamais béant. Voit-il enfin ce que tu as toujours cherché et que tu appelais l'inconnu ? D'autres le nomment infini.

Elle n'a rien de triste, ton exposition. Quand j'y suis allée, il y a tout juste une semaine, j'ai vu danser la sarabande de la vie sur les murs ocre des papes. Ne disais-tu pas que tu avais mis toute une vie pour arriver à peindre comme un enfant ? Dans une de tes œuvres ultimes, *Le Jeune Peintre*, j'ai cru reconnaître ce personnage à la pipe d'un lavis que tu avais exécuté à l'encre, chez moi, rue de Savoie où il se trouve toujours. Le même œil rond et candide, le même chapeau entre mousquetaire et rapin.

J'ai vu aussi une *Tête* dont la torsion des deux parties du visage m'a rappelé la fin des années 30, nos années. Elle a mes cheveux et mes épaules. Elle a ton nez, celui de ton dernier autoportrait. Au reste, il n'est pas précisé à propos de cette *Tête*, s'il s'agit d'une tête d'homme ou d'une tête de femme. J'y vois la rencontre des deux. Face à la mort, il n'y a plus d'homme et plus de femme. Les deux sexes s'unissent enfin.

Personne ne m'a accompagnée en Avignon, pourtant je n'étais pas seule. Nul doute qu'il me faille aussi toute une vie pour devenir enfant.

VIII

Aux Grands-Augustins, les attributions de Marcel changèrent. Plus d'essence, plus d'Hispano. Il serait tentant d'en conclure plus d'Hispano, plus de Marcel. Erreur. Marcel réussit parfaitement sa reconversion. La voiture resta au garage faute de carburant, mais Marcel redoubla d'activité. Comme le marin qui, condamné à ne plus fréquenter les océans, garde longtemps encore sa démarche chaloupée, Marcel allait et venait toujours à plein régime par les escaliers et les coursives. Il prenait les virages au plus court, accotant aux murs le matériel et les tableaux par crainte d'un accident, tentant de rétablir un ordre qui n'avait jamais existé, luttant contre les rhizomes de la création qui poussaient dans tous les sens et bouleversaient sans cesse le décor.

Il ne se rend pas indispensable, il l'est. Marcel prépare les toiles. Il ajuste les cadres. Il emballe les tableaux. Il empile les feuilles ouvertes des journaux et les fixe sur la grande table de bois de l'atelier. Picasso s'en sert comme palette. Les couleurs, l'essence de térébenthine, l'huile de lin, jour après jour, se stratifient. Les caractères d'imprimerie disparaissent. Le papier devient la croûte d'une grosse galette toute craquelée. Il faut s'en débarrasser et en confectionner une autre. Marcel, Marcel, vite, des journaux !

Il a organisé avec Sabartès le transport des tableaux dans les chambres fortes de la banque. Il a supervisé la construction de l'escalier intérieur qui rend autonome la circulation entre les deux étages de la rue des Grands-Augustins. Il a même réussi à dégotter de grands poêles qu'il a dispersés dans les différentes salles. Le résultat n'est pas à la hauteur de ses espérances, d'autant plus que le charbon devient introuvable. Marcel déambule d'une pièce l'autre, le thermomètre à la main, répétant dans un soupir : Quel échec ! Quel échec ! Bientôt ses calorifères seront en panne sèche comme l'Hispano. A l'entendre se lamenter, Picasso répond immanquablement, son petit bonnet de laine enfoncé jusqu'aux oreilles : « Un Espagnol n'a jamais froid ! » Il est vrai que l'action le rend invulnérable.

Je l'ai vu ôter machinalement son bonnet et le jeter à terre alors qu'il faisait froid à claquer des dents. Je l'ai vu retrousser ses manches pour repartir à la charge comme s'il allait lacérer la toile, tandis que la buée sortait de son mufle. J'ai vu le Minotaure ouvrir la fenêtre à l'hiver glacé pour mieux achever une œuvre qui ne serait jamais finie.

Je suis en pays connu, dit-il. C'est le froid de ma jeunesse. Autant préciser que je ne me laisserai pas piéger. J'ai tant souffert du froid à Madrid, et même à Barcelone. Je n'avais pas une seule peseta en poche pour acheter du charbon et je ne voulais rien demander à personne. Il m'est arrivé, pour me chauffer un peu, de mettre dans le poêle des tableaux. Pas des toiles vierges ! Non, de brûler mes propres œuvres ! Un dément qui fait avancer la loco en la chargeant jusqu'à la gueule de billets de banque ! On ne m'y reprendra plus. Et maintenant, je connais le truc. Hop, je respire un grand coup ! Rien de tel qu'une bonne ventilation pour repartir tout requinqué au combat.

Le soir, nous allons nous réchauffer au premier étage du Flore. Ce fut pendant trois ans notre plus lointain voyage. Picasso commande une demi-bouteille d'eau d'Evian qu'il ne boit jamais. Il se contente de fumer Gauloise après Gauloise. Il a épinglé à l'intérieur de sa canadienne une petite poche qui contient la menue monnaie de nos consommations et de nos cigarettes. En revanche, au Catalan où nous déjeunons à peu près tous les jours, il n'a même pas à défaire l'épingle de sa poche intérieure. Le patron ne veut pas de son argent, il préfère recevoir de temps en temps une œuvre du maître.

On rentre tôt, avant l'heure du couvre-feu. Le monde s'est resserré. Picasso n'accepte plus aucune invitation. Il refuse d'exposer ses œuvres et les sollicitations se font de moins en moins insistantes. Ses marchands ont dû s'exiler. Le régime de Vichy accrédite l'idée que la France a été démoralisée par ses artistes, des métèques comme Picasso. On l'écrira bientôt dans la presse de la collaboration. De nombreuses galeries sont fermées, quand elles rouvrent, les propriétaires ont changé. Les nouveaux ont à cœur de faire oublier les métèques et de combattre l'esprit de la décadence.

L'année suivante, nous n'irons même plus prendre un verre au Flore ou dîner chez Lipp. Picasso n'a pas envie de croiser des Allemands sur le boulevard Saint-Germain. Les amis nous rejoignent à l'heure du déjeuner au Catalan. Le restaurant se situe à l'angle de la rue du Pont-de-Lodi et de celle des Grands-Augustins, juste en face de l'atelier.

Le matin, je travaille chez moi, rue de Savoie. A 13 h 30, il me téléphone pour me prévenir qu'il descend. Je réponds que je suis prête. Cinquante mètres nous séparent. Le bruit de mes semelles de bois. Je retiens ma hâte. J'aime le voir apparaître le premier à l'angle des deux rues. Pour me plaire, il fait mine de s'impatienter. Nous ne nous disons jamais bonjour. Nos deux maisons sont si proches qu'allant de l'une à l'autre, nous gardons le sentiment de nous mouvoir dans un espace commun. De plus le chien Kazbek qui suit son maître comme son ombre, ombre efflanquée et un peu folle, assure une sorte de lien sensoriel entre nous.

Picasso prétend que Kazbek, dit monsieur K., ne se trompe jamais, il devine à coup sûr quand son maître me téléphone. S'il appelle d'autres personnes, monsieur K. reste inerte, le corps collé au tapis avec lequel, dans sa maigreur afghane, il se confond. A peine Picasso prononce-t-il mon prénom qu'il se dresse sur ses longues pattes d'araignée sujette à l'arthrose, s'ébroue d'impatience et secoue en tous sens sa chevelure O'Cedar. Non qu'il me voue un irrésistible amour, mais il reconnaît en moi le signe avant-coureur des délices. Il va enfin sortir, et, même si le chemin est court, il tentera de l'allonger par de multiples aller et retour. Il se fera ensuite gâter au Catalan. Monsieur K. y est traité selon son rang, inférieur certes à celui de son maître, supérieur cependant à ceux des autres convives. Par ces temps de marché noir, cela compte. Monsieur K. se garde bien de trahir ses bienfaiteurs, il conserve son effrayante maigreur malgré tout ce qu'il ingurgite.

A Royan, Marcel faisait la tournée des boucheries pour trouver des lots de cervelles de mouton que monsieur K. gobait les unes après les autres. Picasso supporte tout de ses animaux, chiens, chats, singe ou oiseaux. La gloutonnerie de monsieur K. l'a cependant troublé. Il peignit avec cruauté les têtes de mouton dont son chien ne cessait de se repaître.

En fait, nous avons tous quelque chose de monsieur K. Dans la crainte de manquer, chacun prend ses précautions. Ainsi Sabartès pousse-t-il Picasso à couler en bronze ses beaux plâtres, à échanger leur chair laiteuse et précaire contre la solidité du métal. Le bronze est devenu rare. Les armées de l'occupant en consomment toujours davantage. On récupère tous les métaux, le zinc des bistrots et le piédestal des statues. Il faut faire vite.

A Boisgeloup, plusieurs plâtres ont été mis à mal par les soldats français. N'est-il pas temps de sauvegarder les œuvres les plus fragiles ? Picasso finit par accepter le jour où il apprend que le bronze réquisitionné par les Allemands n'est pas seulement destiné aux canons. Il sert à approvisionner les ateliers d'Arno Breker, l'artiste officiel du Troisième Reich dont Jean Cocteau fait si grand cas. N'est-il pas beau garçon, le sculpteur de Hitler ? Sa statuaire ne célèbre-t-elle pas de viriles académies ? Le sang de Picasso ne fait qu'un tour. Coulons, coulons le bronze. C'est toujours ça que l'horrible Arno Breker n'aura pas.

J'ignore où la chose s'est faite. Ce que je sais, c'est que tout a eu lieu nuitamment et qu'on a utilisé plusieurs charrettes à bras pour le transport des pièces, alourdies au retour de tous leurs jumeaux de bronze. Il y avait un joli petit buste de ma personne dont Picasso a trouvé le bronze trop brillant. Pour qu'il se patine plus vite, il a expérimenté un nouveau procédé. Chaque jour, il pissait sur mon buste. Le bronze a pris une vilaine teinte verte. Ce n'était pas l'effet recherché.

Serait-ce pour te faire pardonner d'avoir compissé mon effigie que tu en sculptes aussitôt une autre ? C'est le visage d'une jeune géante qui me ressemble comme une sœur puissante et secrète, une sorte d'Athéna. Toi qui m'as si souvent peinte dans les transes de la douleur ou de l'amour, je porte cette fois le masque antique de la sérénité.

La géante trônera longtemps aux Grands-Augustins. Quand Picasso la fera couler en bronze, son visage se durcira et sa nuque deviendra raide. Longtemps après moi, elle quittera l'atelier des Grands-Augustins pour être érigée, en l'honneur de Guillaume Apollinaire, dans le square Saint-Germain-des-Prés. De même qu'on pouvait autrefois être brûlé en effigie, je fus pour ma part honorée en effigie. Absente de ta vie, désormais recluse, on ne me convia pas à la cérémonie. Cet amour de loin que je n'ai pas choisi me permet aujourd'hui de mieux interpréter les faits qui naguère te concernaient.

Je sais qu'on te demandait depuis des années et des années de réaliser ce monument. Tu en repoussais l'idée. L'ami Guillaume était mort depuis plus de trente ans et la blessure restait en toi, inguérissable. Tu te souvenais de la promesse que tu t'étais faite au Lutétia le jour où, au mois de novembre 1918, tu avais soudain appris que tu ne le reverrais jamais. Ne plus chercher ton propre reflet dans le miroir de l'autoportrait. Tu ne voulais pas que ton image pût survivre à celle de ton ami. Guillaume. Tu l'avais si souvent peint, dessiné, caricaturé, de son vivant, tu n'allais pas en faire à présent une nature morte. Ton amour pour lui, ta haine de la mort, t'empêchaient de donner une forme à ce qui n'en avait plus.

Il y avait pourtant cette commande. Tu as fait le sourd, le plus longtemps possible. En dernier ressort, tu as répondu. Ce sera Dora, Dora en camisole de bronze, qui prêtera sa tête à l'ami Guillaume. N'est-il pas normal qu'elle soit plantée en pleine terre à quelques mètres à peine des Deux-Magots où nous nous sommes rencontrés la première fois ? Et tant pis si elle est entrée dans ma vie des décennies après que Guillaume en était sorti. Il n'est pas question de peindre le poète mort, ce serait faire de lui une âme errante. J'ai juré aussi de ne plus pratiquer l'autoportrait. Alors qui, je vous le demande ? Qui, si ce n'est cette folle de Dora ? Rappelez-vous comme elle m'a aimé autrefois ?

Quand je me retrouve, tête de bronze, érigée sur le monument dédié à Guillaume Apollinaire, nous sommes en juin 1959. Je n'ai revu qu'une seule fois Picasso, chez des amis communs, au château de Castille. Nous ne nous sommes pas rencontrés depuis des années et j'ignore que nous ne nous reverrons jamais.

Absence ? Dites-moi, que signifie ce mot-là, absence ? Je t'ai croisé chaque nuit dans mes rêves pendant plus de dix ans. J'en venais à refuser le sommeil par crainte de te rencontrer encore. Absence ? Vous voulez rire !

L'année 42 fut terrible. La guerre, bien sûr. Je ne la perdais pas de vue, mais je la regardais progresser vers toujours plus d'horreur, protégée que j'étais par mon illustre amant. Le froid était supportable et l'enfermement à peine gênant. Je n'ignorais pas que d'autres souffraient plus que moi, mais je ne me sentais en rien responsable de ce qui les accablait. J'étais une belle âme tout occupée à vivre son amour. N'y avais-je pas droit ?

J'ai le plus grand mal aujourd'hui à retrouver le fil de l'année 42. Je sais seulement qu'il reste tendu pendant des mois et des mois avant de se rompre irrémédiablement en octobre. En effet, n'est-ce pas incroyable avec le recul des années qu'en mai 42, les contraires puissent encore se fréquenter. La preuve ? Ce dessin de Picasso, daté du 4 mai 42. Précision supplémentaire : 3 heures 1/2. Il représente mon atelier de la rue de Savoie, juste au-dessus de l'appartement de mes parents. Et que découvre-t-on ? Un homme, cigarette au bec, coiffure en toupet, est installé devant mon chevalet. Il fait le portrait d'un autre homme. Ce dernier ne semble pas redouter le traitement qu'il va subir. Les jambes croisées, il boit tranquillement ce qui doit ressembler à du café. Au premier, je prête mon atelier et mon chevalet, c'est Jean Cocteau, on le reconnaît. Le second prête au portraitiste son visage, c'est Paul Eluard. Preuve encore, le fusain sur toile intitulé *Portrait de Paul Eluard* par Jean Cocteau est daté du 4 mai 42. Picasso dessine l'ensemble au grand angulaire et Kazbek, illustre monsieur K., lové sur le tapis, authentifie la scène.

Oui, 4 mai 42. Il doit faire beau. On devine les fenêtres ouvertes sur la cour intérieure et tout un parterre de pots de fleurs devant la loge de la concierge. On aperçoit même, dans l'autre pièce de l'atelier dont la porte est restée entrebâillée, mon appareil-photo sur son pied. Tout paraît calme et tranquille. Comment est-ce possible ? Nous sommes le 4 mai 42 et ces trois-là sont encore ensemble. Cocteau et Eluard, clairement identifiables. Et le troisième, en fait toujours premier, c'est Picasso, invisible mais présent comme l'œil de Dieu.

Entre Cocteau et Eluard, il n'y a jamais eu la moindre affinité. A cette date, Paul a déjà décidé d'entrer dans la résistance en adhérant au parti communiste clandestin. En ce même joli mois de mai, Jean Cocteau fait paraître en première page du journal *Comoedia* son « Salut à Arno Breker ». Dans la livraison suivante de *Comoedia*, Vlaminck croit insulter Picasso en rapprochant son œuvre du Talmud et de la kabbale. Ces élucubrations sortent dans la presse au moment même où le port de l'étoile jaune est imposé aux Juifs. Pour témoigner sa solidarité, Eluard déclare à qui veut l'entendre qu'il est juif par sa grand-mère Salahum. Picasso laissera à d'autres le soin de le défendre et prétendra aussi avoir des origines juives, comme tous les Espagnols, dira-t-il.

Comment ai-je pu abriter les rencontres contre nature de ces trois hommes ? Sans doute, Cocteau avait-il su me faire du charme. Un sucre pour Kazbek. Un compliment pour Dora. Il ne pouvait s'empêcher de séduire tous les proches du maître à qui il vouait une adoration. Plus Picasso le rabroue, plus Cocteau se montre satisfait. Pour un peu, il s'égarerait du côté de chez Arno Breker pour le seul plaisir de provoquer la colère de Pablo. C'est du moins ce qu'il prétend et chacun entre dans son jeu tant il a l'art de flatter. Il devine en l'autre la fêlure et il verse goutte à goutte son compliment pour hâter la cicatrisation. Quand il a découvert à l'atelier mon travail en cours, il a aussitôt souligné son originalité, me félicitant de n'avoir pas eu à m'affranchir de l'influence du maître. Il m'a dit aussi qu'il connaissait Picasso depuis longtemps et que jamais il ne l'avait vu en harmonie avec une autre femme comme il l'était avec moi. Vous dites bien harmonie ? Oui, le partage, l'échange, la communion des corps et des esprits, tout le tintouin... Après ça, comment ne pas lui ouvrir ma porte, à l'ami Jean ? Même si ça ne l'empêche pas de baver d'admiration devant les beaux athlètes nazis, on n'en est pas moins homme !

Je l'ai connu en fait avant de rencontrer Picasso et je l'ai même photographié avant la guerre. Avant-guerre, c'est une expression qui vient tout naturellement aux lèvres dans ces années-là. Elle fait appel à une chronologie simple et effrayante dont je ne m'imaginais pas avoir un jour à me servir. Il y a désormais avant la guerre. J'ai rencontré Picasso avant la guerre. Et il y a le temps présent. A noter que personne n'ose encore envisager l'éventualité hasardeuse d'un après-guerre. Nos amours survivront-elles à la guerre ?

J'appréciais la virtuosité de Cocteau. J'éprouvais pour lui une véritable affection que je me sentais tenue de freiner par crainte de le voir s'en jouer. Il n'est pas exclu qu'il fût à mon égard dans les mêmes sentiments. Une sorte de paix armée s'était installée entre nous, chacun refusant d'être la dupe de l'autre.

Quand le cher Paul quitta mon atelier avec son portrait signé de son ennemi, Cocteau me proposa de me peindre. Ça tournait chez lui à la manie de vouloir marcher sur les brisées de Picasso. Après l'ami du peintre, il lui fallait maintenant portraiturer l'amante. La proposition tombait au mauvais moment. Il venait d'apporter sa caution et ses louanges à l'exposition d'Arno Breker, je le lui avais reproché avec des mots blessants, quant à Picasso, il ne voulait plus entendre parler de lui. Je lui dis qu'il valait mieux laisser passer l'été. Comme si l'été avait eu une signification, cette année-là !

Versatile dans ses idées, Jean avait pourtant ses fidélités. Il revint à la charge après l'été. Au reste, je m'explique mal le revirement de Picasso qui, cette fois, m'encouragea à accepter l'offre. Il passa même à Cocteau une commande précise, lui imposant un format — 92 sur 73 centimètres — et une configuration générale. Ce serait un portrait de face, en noir sur fond blanc. Ainsi en avait-il décidé. Jean était tenu de faire du Cocteau. Il ne devait pas chercher à imiter ce qui était hors de sa portée. Suivez mon regard !

Il arriva rue de Savoie à bicyclette, le guidon d'une main, le format 92 × 73 de l'autre. L'opération était risquée. Il s'en tira bien. Les pinces n'avaient même pas froissé son pantalon. Picasso avait coutume d'ironiser : Cocteau est né avec un pli de pantalon dans son berceau. Il est né repassé !

J'avais enfin accepté. Il s'était installé à mon chevalet dans le rôle du peintre. J'étais si triste que c'est cette tristesse qui fut retenue par son dessin. Si prompt quand il s'agissait de décocher un mot d'esprit, il s'appliquait soudain. Il était fin, nerveux, tout en muscles, avec ce regard inquiet et mobile, toujours en quête d'approbation. Il me dessina au fusain avec une gentillesse à laquelle Picasso ne m'avait guère habituée depuis le doux temps de Mougins. Il est vrai qu'on se trouvait avec Cocteau plus près de Greuze que de *La femme qui pleure.*

Le soir, Picasso vint surveiller l'achèvement des travaux. Il estimait qu'en un après-midi l'affaire devait être conclue. En ce qui concerne Cocteau, on peut imaginer l'inconfort de sa situation. Aucune circonstance atténuante, aucun délai, aucun repentir. Et, pour couronner le tout, le verdict du maître. Il se prononça aussitôt. Excellent, le portrait était excellent. Il précisa dans le même élan que c'était du pur Cocteau. Ce qui n'était pas forcément un compliment, mais Jean, soulagé, crut à la générosité de son juge. Il remercia et repartit sur son vélo.

Il avait laissé le portrait sur le chevalet. Aussitôt, Picasso s'en empara. Une première retouche, histoire de corriger un petit défaut de rien du tout. Du très bon Cocteau, répétait-il, et de redresser un trait. Puis une couleur pour réanimer en un tournemain toute cette fadeur ! A quoi ça ressemble, je vous le demande ? Il riait. Du Cocteau ! Du Cocteau ! Tu ne vas pas souiller ton atelier avec du Cocteau ! Je l'emporte, ma douce, et je te rendrai un beau Picasso. Il ne m'avait pas demandé mon avis. Mon image ne lui appartenait-elle pas ? N'était-elle pas sa matière première ? Ne me l'avait-il pas ravie à jamais ? Tel Zeus, il m'avait dit, dès le premier jour à Mougins, je ferai de vous une immortelle. De tout autre, la promesse eût paru ridicule. Lui, il l'avait d'ores et déjà tenue. Avec ses crayons et ses pinceaux, il avait fait de moi une figure de ce temps qu'on retrouverait dans tous les sanctuaires de l'art. Au reste, par ce mimétisme que le peintre m'imposait, il m'arrivait, comme ce siècle à mi-parcours, de me sentir fracassée : deux yeux du même côté du visage, un nez de l'autre, un chapeau en forme de poisson et le corps cannelé. Existe-t-il quelqu'un de normal dans cette foutue époque ?

Au moment de disparaître sous la griffe de Picasso, le gentil fusain de Cocteau devint le réceptacle d'une imprévisible douleur.

J'étais ce soir-là aux Grands-Augustins. Autour de nous, ce silence des nuits de couvre-feu. Juste le pépiement des oiseaux dans la cage de la cuisine. Obscurité parfaite où chaque étoile brille dans le désert d'un éclat froid et inquiétant. La ville redevient une terre archaïque guettée par la faim, le froid et la mort. Picasso en secret réinvente des idoles pour piéger les dieux. Et, dans ce silence, un coup de fil entre ma mère et moi.

Je ne sais plus qui a appelé, sans doute moi. Ma mère n'aurait pas pris le risque de tomber aux Grands-Augustins sur Picasso ou sur Sabartès. Nous nous sommes disputées selon nos habitudes, un peu plus que d'habitude. Il fallait que je rentre à la maison, ordonnait ma mère. Elle se gardait bien de me dire qu'elle avait besoin de moi, elle se contentait de répéter que je perdais ma respectabilité avec cet homme-là. Si Kazbek devinait quand Picasso s'adressait à moi au téléphone, son maître reconnaissait mon interlocutrice à l'agacement de ma voix. Ma mère le détestait. Picasso ignorait ma mère. Je n'étais pas entre eux une raison suffisante de se rencontrer, encore moins de se supporter.

Ce soir-là, il me faisait signe de raccrocher. Le couvre-feu ! le couvre-feu ! marmonnait-il. Il était clair qu'il ne voulait pas me voir céder au désir de ma mère, alors que les cent mètres qui séparaient les deux maisons pouvaient être franchis sans grand danger. J'avais souvent fait le chemin en sens inverse pour mon bon plaisir et pour celui de mon amant. Je tentais encore d'expliquer à ma mère que je ne viendrais pas, quand j'ai entendu comme un léger choc au bout du fil, puis plus rien. J'ai cru que la colère l'avait poussée à raccrocher ou que la ligne avait été coupée. Les deux phénomènes se produisaient souvent en ce temps-là.

Le lendemain matin, je suis arrivée très tôt rue

de Savoie. La concierge s'est précipitée à ma rencontre. Elle m'a juste dit : Hélas, votre pauvre maman ! J'ai traversé la cour et grimpé à toute vitesse les deux étages. La porte était entrouverte. Mon père était là avec le médecin qui venait de constater le décès. A son réveil, mon père avait trouvé maman étendue sur le sol, la main droite serrant le combiné. Elle était morte.

Dès qu'il fut prévenu, Picasso vint rue de Savoie avec Marcel. A peine eut-il aperçu le corps de ma mère, allongé sur le lit, les mains jointes, qu'il repartit aussitôt, laissant Marcel présenter ses condoléances. Il revint une heure après avec Sabartès et se livra au même manège. L'homme au regard absolu pouvait tout voir sauf la mort. Il revint encore dans l'après-midi, mais cette fois avec Paul. La présence de son ami lui permit de rester près de cinq minutes aux côtés de ma mère. Il gardait cependant la tête dans ses mains pour ne pas la regarder. Quand il me prit dans ses bras, j'eus le sentiment que c'était pour s'arracher à ce spectacle insupportable. Dans son insistance même à vouloir me consoler, je croyais déceler l'aveu d'une culpabilité. N'étions-nous pas de mèche dans ce complot de l'indifférence qui avait tué ma mère ? Non seulement mes mots avaient été pour elle les derniers, mais peut-être avaient-ils été porteurs de mort.

Je me rappelais Buenos Aires et notre triangle familial. L'un de ses angles était toujours si aigu qu'il eût pu se perdre sans que les deux autres s'en aperçussent. J'avais pris conscience de ma solitude définitive sur cette route entre les entrepôts, quand ma mère et mon père s'étaient cachés, laissant fifille avancer seule vers ce qui serait désormais sa vie. Ma mère n'avait pas eu la force de supporter aujourd'hui un tel traitement. Elle était morte, le combiné dans la main, mon indifférence au creux de l'oreille.

Tu t'es montré ô combien attentionné. Ce moment-là marque pourtant un changement dans nos rapports. Il annonce les grandes fractures à venir. Tu savais, mieux que moi sans doute, ce qu'est la perte d'une mère. Mais toi, tu avais pleuré la tienne avec l'innocence d'un enfant, son enfant. Tu n'ignorais pas que ton absence l'avait minée, tu te glorifiais cependant de l'incomparable amour qui vous liait. Ne s'inscrivait-il pas dans la loi naturelle qui veut que la mère donne la vie jusqu'à en perdre la sienne ? Si, en plus, l'heureux bénéficiaire est doué de génie, le sacrifice de la mère n'en devient que plus sublime. N'est-on pas toujours amené à tuer ce que l'on aime ?

Quelques mois plus tôt, Eluard avait en secret demandé à un graphologue, Raymond Trillat, d'examiner et d'interpréter une lettre écrite par Picasso, en septembre 36, à la belle époque de Mougins. Paul avait bien sûr tu l'identité du scribe. L'analyse du graphologue fut si pertinente que Picasso n'opposa aucune dénégation à la lecture que nous en fit Paul.

« Désir d'élan vers autrui, désir d'un pont irréalisable. Il est d'un autre temps, d'un autre monde : chevaleresque, enfantin, fou. Nietzsche embrassant un cheval sur les naseaux. Baudelaire supérieurement bon. Très doux et très dur, ignore le milieu et la pondération.

« Sa sensualité est instantanée en certains sujets, conquérante après avoir été séductrice et compliquée. Il y recherche un élan élevé, mais il l'abandonne au moment où il pourrait en profiter.

« Il aime intensément et tue ce qu'il aime.

« Il est triste. Cherche une issue et sort de sa tristesse par une création pure. La joie, le bonheur lui nuisent. La tristesse le sert. CRÉATEUR, créateur, fou pour les uns, sublime pour les autres. Grande valeur... »

Eluard avait pris ces notes alors que Raymond Trillat parlait. A les relire aujourd'hui, j'ai du mal à penser que le graphologue ignorait l'illustre identité du scripteur. Je préfère en l'occurrence le mot de scribe à celui de scripteur, tant je vois une ressemblance entre Picasso et le visage du *Scribe accroupi* au Louvre. On connaissait à l'époque l'amitié qui liait Paul et Pablo. Comment Raymond Trillat n'aurait-il pas deviné ? Comment n'aurait-il pas fait le rapprochement entre l'écriture et l'œuvre ? Ce qui n'enlève rien à sa finesse, à sa perspicacité, encore moins à l'authenticité de son analyse.

La phrase clé était pour moi : « Il aime intensément et tue ce qu'il aime. » Cette vérité-là ne m'était pas inconnue, mais je ne voulais pas la regarder en face. A force de biaiser avec elle, j'en tirais même une sorte de volupté. Mourir de ne pas mourir, refrain obsédant. Combien sommes-nous à l'avoir entonné sur le ton du divin ou sur celui de l'humain, trop humain ? Dites, combien sommes-nous ? Si je fais le compte, je trouve ceux que j'aime : Thérèse d'Avila, Jean de la Croix, Paul

Eluard. Nous pouvons être terrassés par l'amour. Nous ne sommes pas des tueurs. Picasso tue ce qu'il aime.

Dès le lendemain des obsèques, il m'a demandé de venir poser aux Grands-Augustins et j'ai accepté. Je pensais pouvoir brider devant lui ma douleur. Je n'allais pas lui offrir sur un plateau la tête de *La femme qui pleure*. Le mouchoir, les clous aux coins des yeux, la langue en forme de poinçon, tous ces accessoires empruntés au rayon sadomasochiste appartenaient à une autre époque. Ma souffrance est à présent au-delà des trucages. Qu'il se contente de me regarder et de reproduire ce qu'il voit. Il obtiendra sur sa toile le visage de l'année 42. L'année la plus noire.

Ce portrait, daté du 9 octobre 42, s'est substitué au dessin de Cocteau. Picasso fait d'une pierre deux coups. D'une part, il récupère un modèle, moi-même, dont il estime posséder l'exclusivité. D'autre part, il capte mon image dans son émotion la plus tragique. Le deuil et la culpabilité se disputent mon corps. Picasso repère d'instinct que la culpabilité est sans doute la plus blessante. C'est là qu'il va appuyer pour faire sortir le pus.

Toi aussi, ma douce, dit-il seulement. Je sursaute sur mon tabouret. Je reçois en pleine figure la lumière de ce jour terne. Quoi, moi aussi ? Il me demande alors si je me souviens de l'analyse du graphologue. A moi, il demande ça ! Il arrive, reprend Picasso, que l'on tue ce que l'on aime. C'est du moins ce que prétend votre sorcier, Raymond Trillat. Paul et toi, vous l'avez approuvé. Pour un peu, vous m'auriez mis sur-le-champ en accusation. Mais toi aussi, ma douce, tu viens de nous montrer que tu es tout à fait capable de tuer ce que tu aimes.

Il ne me soupçonnait pas d'ourdir un complot contre lui. Il voulait me rendre coupable de la mort de ma mère. Je ne répondis pas. Au reste, il n'avait que faire de mes protestations, de ma haine ou de mon amour. A ce moment-là, il ne souhaitait qu'une chose, susciter en moi la plus intense des souffrances. Il la tenait déjà au bout de son pinceau. Elle avait la fixité de mon regard et ce visage de masque africain, le front immense, à peine crispé et bosselé, la narine droite dilatée par les soupirs.

Cette icône de la douleur, il veut même, dans un premier temps, l'enfermer dans une cellule, non de nonne, mais de prisonnière. Il y a tout. La fenêtre avec les barreaux. La cruche et le morceau de pain. L'obscurité carcérale. Il m'a condamnée. Par la grâce de ses pinceaux, il fait de moi, comment dit-on ? une matricide. J'ai pâli en me découvrant. Picasso a occulté le dessin de Cocteau. Il n'en reste rien. Ce que je vois ajoute à ma détresse.

Il a pensé que j'allais m'évanouir. Aussi m'a-t-il forcée à me blottir dans ce fauteuil qui, d'habitude, lui est strictement réservé. Il va même chercher derrière une vitrine les gants que je portais aux Deux-Magots, le jour de notre rencontre. Je les garderai toujours, répète-t-il, me montrant entre les petites fleurs de dentelle les taches de mon propre sang.

— C'est faux, dis-je. Je ne tue pas ce que j'aime. C'est moi que j'ai toujours voulu tuer.

— Ni toi ni personne ! Tu ne ferais pas de mal

à une mouche. Regarde, je vais te rendre la liberté. Il suffit de déplacer vers toi les verticales de la fenêtre. Je supprime les barreaux et je te fais en échange un chemisier à rayures. Rouges, les rayures. Je te sors de prison, mais je ne modifie rien d'autre. Ton visage est parfait, ton regard surtout.

C'est ainsi que j'en vins à porter ce pimpant corsage qui n'a jamais existé. La fenêtre et ses barreaux disparurent sous une épaisse couche de noir. Exit le quignon de pain et la cruche d'eau. Curieusement, la perte de ces accessoires, loin d'alléger mon portrait, le figea dans l'expression d'une souffrance à l'état pur. Aucune joliesse, aucune concession. Une intransigeance minérale qui effraie. Où est passée la gracieuse poupée à la chair blanche que le Minotaure caressait de son mufle ?

Tu me voulais espagnole. Sous le masque, c'est déjà done Elvire qui apparaît. C'est la femme blessée qui te demande des comptes. Tu t'es toujours débrouillé pour donner à mon image de l'avance sur la vie. En octobre 42, le monde se noie, ma mère est morte et tu m'enfermes dans ma culpabilité. Mais en octobre 42, je ne t'ai pas encore perdu. Tu es là. Tu es proche, si proche, que c'est toi qui tiens le couteau et qui l'enfonces dans ma propre chair. Je n'aurai ce regard-là que l'année suivante. C'est celui d'une Espagnole, done Elvire.

IX

J'ai quitté Ménerbes ce matin. Les vagues de touristes ne cessaient de venir s'échouer sur sa falaise. Il est vrai que mon désir de solitude doit m'amener à grossir le phénomène. En fait, rares sont les visiteurs qui se risquent jusqu'au haut du village. Au sommet, la petite église au chœur voûté d'ogives est déserte. Chaque matin, j'y vais me recueillir. Le curé est souvent absent car il doit maintenant s'occuper de plusieurs villages. Il m'a confié le double de la clé. Parfois quelques âmes égarées se glissent à ma suite par l'entrebâillement de la porte. Et moi, la plus perdue de toutes, je les accueille dans la nef aux trois travées comme si je m'y trouvais à demeure.

En ce début d'août cependant, j'ai voulu partir. Je reviendrai peut-être à l'automne pour le plaisir de voir la vallée roussir sous mes fenêtres. Il fera encore beau et il n'y aura plus personne à la ronde.

Je me glisse dans le Paris du mois d'août. J'aime me sentir à contre-courant. Question d'habitude. Dans cette ville chaude et presque silencieuse, où les passants semblent hors jeu, où les boutiques ont tiré leurs rideaux et les clients pris la poudre d'escampette, il traîne des souvenirs de guerre. La mort et la trahison, le carnage et le génocide, ont lâché prise. Il reste ce silence et la solitude.

La rue de Savoie semble figée. Quand le taxi s'est arrêté devant ma porte, nous avons eu tout le temps de décharger mes bagages. Aucune voiture ne s'est mise à klaxonner derrière nous. La concierge est partie en vacances. En passant devant la loge fermée, je retrouve un monde immuable. J'ai beau savoir que cinq ou six concierges se sont succédé depuis l'année 43 et qu'elles ne doivent plus aujourd'hui être appelées concierges mais gardiennes, j'ai le sentiment de la permanence des choses.

J'entre. Cette maison est la mienne depuis tout juste trente ans. Sans doute le sera-t-elle longtemps encore. C'est chez moi, alors c'est chez toi. Avant de pénétrer dans une maison juive, on embrasse sur le seuil la mezouza. Moi, c'est à l'intérieur que je caresse du doigt les insectes, que tu as dessinés sur les murs il y a trente ans. Quand la maison a été repeinte, vingt ans plus tard, j'ai donné l'ordre de ne point effacer ce bestiaire. A la fin des travaux, il ne manquait pas une seule patte.

Je me souviens. Tu as pris l'habitude de venir rue de Savoie après la mort de ma mère. Mon père m'avait laissé l'appartement. Il avait rejoint son domicile préféré, l'hôtel du Palais-d'Orsay. Tu as voulu aussitôt imprimer ta marque. A chaque trou dans le mur, tu as dessiné une sorte de carapace assortie de pattes velues. Un plâtre s'écaillait-il ? Dans l'écorchure, tu plaçais un scarabée, une tarentule ou quelque autre araignée. A l'étage au-dessus, dans mon atelier, tu as transformé les taches de peinture dont j'ai éclaboussé les murs en autant de petites bêtes qui montent, qui montent...

Ta maison est vivante, Dora. Vois comme elle grouille de vie. Le ventre collé au tapis, Kazbek ne manquait jamais d'approuver de deux battements de queue la parole de son maître. Ce qui ne l'empêchait pas d'abandonner le peintre et ses encres de Chine pour me suivre à la cuisine et mendier quelque nourriture. Plusieurs fois, dans la rue, nous nous étions faits prendre à partie par des passants qui, désignant monsieur K., s'étaient écriés : « C'est une honte d'affamer à ce point une pauvre bête ! » En pleines restrictions, on nous reprochait la maigreur d'un chien, le plus suralimenté de la planète en guerre. Pour tenter de freiner les appétits de Kazbek, Picasso avait même suspendu un panneau à la porte de la cuisine, sur lequel il avait inscrit : Défense d'entrer. Cela ne servit à rien. Pourtant savant, le chien faisait mine de ne pas savoir lire.

L'*Histoire naturelle* de Buffon se trouve comme jadis posée sur le guéridon. Picasso l'a illustrée d'une série de gravures achevées au cours de l'année 42. Il était venu chez moi me dédicacer cet exemplaire. La date : 17 janvier 43. La signature : Picasso. Et dessous, en capitales : ADORA MAAR. Le texte : *per Dora Maar tan rebufona*. Bufon signifie charmante en catalan et Picasso s'amusait de la similitude avec le nom de l'auteur du livre. Il y ajouta un *re*, superlatif aussi en catalan. Jeu de mots amoureux mis en valeur par le plus délicieux dessin de ma personne. Sphinx ? Femme-oiseau ? Je porte des griffes, des plumes et de très longs cils innocents. Et puis, parti pour parti, le maître se laissa aller à son plaisir. Je travaille bien chez toi, Dora ! Sur chaque page blanche, il inventa d'autres insectes, des squelettes d'oiseaux avec des ailes, des têtes étranges non répertoriées par Buffon. Ce fut alors tout le surgissement spontané du génie. Ces illustrations de mon exemplaire personnel feront l'objet en 1957 d'une publication alors intitulée : *40 dessins de Picasso en marge de Buffon*.

Quelques jours plus tard, on est toujours en janvier 43, je me rends chez Picasso. Arrivée à l'angle de nos deux rues, j'aperçois trois hommes vêtus de ces longs imperméables verdâtres que le cinéma va plus tard immortaliser. Ils sont en train de pousser la porte des Grands-Augustins. L'un d'eux reste en faction sur le trottoir. Je comprends qu'il s'agit de la Gestapo. Je fais demi-tour et rentre en courant rue de Savoie pour téléphoner immédiatement à André Dubois.

M. Dubois est l'ancien directeur-adjoint de la Sûreté. Bien que révoqué par Vichy, il conserve des relations et garde les moyens d'agir. Picasso l'a connu au moment de la déclaration de guerre. André Dubois lui a permis de renouveler sa carte d'étranger sans avoir à passer par l'ambassade de cette Espagne franquiste avec laquelle il ne veut rien avoir à faire. Je le joins par chance à son domicile. Il ne me demande rien d'autre que le nombre d'hommes que j'ai vu entrer et il m'assure qu'il se rend sur place au plus vite. Il ajoute : « Vous ne bougez surtout pas de chez vous et vous ne téléphonez pas à M. Picasso. Vous attendez que je vous appelle. »

Les trois quarts d'heure qui suivirent me parurent sans fin. Le téléphone sonna et j'entendis enfin la voix de Pablo : « Viens, je ne suis pas mort. Je t'attends avec l'ami Dubois. »

Quand je suis arrivée aux Grands-Augustins, il a entouré mes épaules de son bras, et, de l'autre, il a saisi Dubois. Mes deux sauveurs ! s'est-il écrié. En fait, la Gestapo repartait au moment même où André Dubois arrivait. Ils se sont croisés dans la cour. Les hommes aux imperméables lui ont demandé ses papiers. Ils n'ont rien dit d'autre.

Picasso était d'un calme souverain. Il nous a raconté qu'ils avaient voulu l'intimider, le traitant tour à tour de dégénéré, de communiste et de Juif. Il n'avait opposé aux trois qualificatifs qu'un silence de sphinx. Les accusateurs avaient donné quelques coups de pied rageurs dans les toiles tournées contre les murs, mais les châssis avaient tenu bon. Ils étaient repartis l'air mécontent de ce qu'ils avaient vu, plus mécontent encore de ce qu'ils n'avaient pas vu. Et, comme l'un d'eux, menaçant, promettait de revenir, Picasso lui avait tendu un de mes tirages photographiques de *Guernica* : « Je vous en prie, ma carte de visite en souvenir. » L'Allemand avait grimacé sans comprendre en empochant la photo.

On a beaucoup répété que Picasso aurait raconté, quelques jours plus tard au Flore, que les Gestapistes lui avaient demandé, montrant la photo de *Guernica* : « C'est vous qui avez fait ça ? » Et qu'il se serait empressé de répondre : « Non, c'est vous ! » Il est tout à fait possible que

Picasso ait improvisé ce genre de réplique, il avait aussi ce génie-là. Pour ma part, je ne l'ai pas entendu raconter l'anecdote.

Ils ne sont pas revenus comme ils l'avaient promis. Certains en ont conclu que Picasso bénéficiait de puissants appuis. On a même avancé le nom d'Arno Breker qui aurait déclaré : On ne touchera pas à Picasso. Le même Arno Breker a nié après la guerre être intervenu, alors qu'il aurait pu s'en faire un titre de gloire. Est-ce sa seule œuvre qui plaida en faveur de Picasso et le protégea ? Même pas. A l'automne 40, alors que nous venions de rentrer de Royan, les Allemands avaient demandé qu'on leur ouvrît tous les coffres privés des banques. Picasso dut leur faire les honneurs de ses deux chambres fortes. Les Allemands découvrirent une sorte de caverne d'Ali Baba. Cet entassement chaotique les effraya et ils n'en soupçonnèrent pas les incroyables richesses. Ils tiraient un à un les tableaux, et, avec une moue dubitative, demandaient au peintre : « Qu'est-ce que ça représente ? » Comme le peintre se contentait de répondre : « Ce que vous voulez », ils avaient insisté : « Combien cela vaut-il ? » Picasso avait indiqué une somme dérisoire pour s'amuser : « Huit mille francs ! Quelque chose comme huit mille francs ! » Ils trouvèrent le prix si exorbitant qu'ils ne dirent plus rien et hâtèrent leurs investigations.

Picasso n'a plus peur. Aux premiers temps de la guerre, il avait craint les bombardements. La panique est à présent surmontée. Il sait pouvoir continuer à travailler dans les pires conditions et jamais il n'a regretté d'être resté à Paris. Des officiers allemands s'invitent parfois aux Grands-Augustins, histoire de montrer qu'ils ne partagent pas la thèse officielle sur l'art dégénéré. Picasso n'oublie jamais de leur donner en souvenir la photo de *Guernica*, sans plus de commentaire.

Les défaites successives de ses deux pays, l'Espagne et la France, ont exacerbé ses nerfs. Loin d'être paralysé par la peur de voir son œuvre détruite, il est de manière permanente en état de surchauffe, saisi par une frénésie de travail. Il explore des voies nouvelles et divergentes. Les distorsions, la disharmonie, l'amènent à s'engager au même moment dans des chemins opposés. Tantôt une ivresse funèbre le fait accumuler des dessins de squelettes et des têtes de morts. Les crânes ont déjà installé leur prolifération monstrueuse sur les pages blanches de mon exemplaire de Buffon. Enfermé dans la salle de bains, seule pièce chauffée des Grands-Augustins, Picasso sculpte à présent une tête de mort, lisse, érodée par des siècles et des siècles d'agonie. Un bloc de pierre errante, dira Brassaï. Tantôt, au milieu de ce matériel morbide, il façonne avec lenteur, épreuve après épreuve, cet *Homme au mouton* qui, lui, relève le défi de la vie. Il va l'amener à dresser sans crainte sa taille de géant dans son corps d'argile afin de mieux répondre à l'appel de ceux qui, comme l'ami Paul, sont entrés dans la lutte. Tous les poètes de l'ombre.

Picasso a pensé à *L'Homme au mouton* pendant près d'une année. Il a étudié les volumes et l'architecture de ces deux corps, l'un humain et libre, l'autre mouton et captif. Le calme et le geignard.

Celui qui marche et celui qui est entravé. Il n'y a pas ici le moindre symbole, prétend-il, ni évangélique, ni militant. Rien que la simple harmonie retrouvée. La terre ne tremble plus. Le ciel n'est plus déchiré par les bombardiers. Tout est de nouveau comme cela n'aurait jamais dû cesser d'être. J'aimerais qu'il ajoutât, et toi, Dora, tu poses ta tête sur mon épaule et je te tiens captive comme au temps du *Minotaure*. Mais ça, tu ne le diras pas. Tu préfères évoquer Kazbek qui, dans le calme revenu, n'en finit pas de lécher ta main, cherchant à s'enivrer de l'odeur de térébenthine.

J'ai abandonné la photo depuis longtemps déjà. Une bonne partie de mon matériel a été transféré chez toi. Mes projecteurs éclairent désormais tes œuvres en cours d'élaboration. Mes grandes tentures noires servent de rideaux pour obturer les fenêtres des Grands-Augustins, les nuits de black-out. Par ce même phénomène de vases communicants, je ne photographie plus, je peins.

J'ai commencé à peindre tout petit, tout simple. Je dois reconstruire à mon propre compte. Je dessine une cafetière ou un réveil. Je m'applique à faire d'une nature morte un objet isolé, inscrit dans sa solitude. Comme l'enfant dévisage la personne qu'il ne connaît pas, j'accommode de trop près sur l'objet. J'ai besoin de me raccrocher à lui. La réalité, aussi modeste soit-elle, ne risque-t-elle pas de s'effacer ? Quand, pour maquiller mon angoisse, les couleurs ne suffisent plus, mes pauvres mots sur mon cahier tentent de la boire :

J'ai reposé entre les bras de mes bras,
Je ne dormais plus
C'était la nuit l'été l'hiver le jour
Un grelottement éternel de pensées
Peur amour Peur amour
Ferme la fenêtre ouvre la fenêtre

X

Oui, nous avons fait la fête. La fête. C'est pourtant la guerre. Si nous en espérons la fin depuis Stalingrad, nous ne savons ni quand, ni comment. Et surtout, dans quel état ? Déjà la mort s'est approchée. La Gestapo a arrêté Robert Desnos, le 22 février 44. Puis c'est le tour de Max Jacob d'être conduit par les gendarmes à Drancy où, le 5 mars, une pneumonie l'a fauché.

La fête aura tout de même lieu. On raconta après coup qu'elle fut annonciatrice de la libération à venir. Pour moi qui l'ai vécue, elle avait tout l'air de ces mi-carêmes des villes médiévales assiégées. L'issue restait incertaine. C'est pour cela que, l'espace d'une nuit, on s'abreuva en secret de mots et de vins. Courte parenthèse, hors du temps. Il est cependant possible de la dater. C'est le 19 mars 44 qu'on fit la fête chez Michel et Zette Leiris, quai des Grands-Augustins, à deux pas de l'atelier, à l'occasion de la lecture d'une pièce de Picasso, *Le Désir attrapé par la queue*.

Il l'a écrite trois ans plus tôt, en janvier 41. Il faisait un froid épouvantable et Marcel n'avait pas trouvé de charbon pour alimenter les calorifères. Picasso avait alors abandonné quatre jours durant ses pinceaux et ses crayons pour se consacrer à l'écriture. En soi, la chose n'était pas tout à fait nouvelle. Depuis 1935, il tient une sorte de journal poétique. C'est un flot d'écriture automatique à la manière de ce que faisaient les surréalistes dans les années 20. Ce journal commence — Boisgeloup, 18 avril XXXV — par des mots, ô combien picassiens : « ... je n'en peux plus de ce miracle qui est de ne rien savoir dans ce monde et de n'avoir rien appris qu'à aimer les choses et les manger vivantes... » Il se poursuit, le 1er février XXXVI : « L'amour est une ortie qu'il faut moissonner chaque instant si l'on veut faire la sieste assis à son ombre. »

En janvier 41, il choisit d'endiguer ce flot pour lui donner la forme approximative d'une pièce de théâtre, avec scènes, personnages et intrigue suggérés. Sur le ton de la facétie, ce torrent d'images charrie les obsessions du temps, la faim et le froid, mais aussi les préoccupations de toujours, l'amour et la séduction.

Difficile de dire quel prix Picasso attachait à cette activité annexe. Il se montrait parfois agacé de voir ses adorateurs enfermer ses moindres rognures d'ongles dans quelque reliquaire. Ce qui ne l'empêchait pas de m'encourager à découper avec soin la nappe du Catalan pour peu qu'il y eût esquissé mon portrait ou celui de mon bichon au poil frisé dont je déplorais la mort. En ce qui concerne l'écriture, rien ne prouvait qu'il prenait la sienne au sérieux. S'il était le premier à rire aux éclats des loufoqueries qu'il venait de jeter sur le papier comme par mégarde, il souhaitait aussi que tout ce qui venait de lui constituât le matériau exemplaire pour l'étude de l'Homme dont il se sentait le prototype. La photographie lui avait permis autrefois d'archiver sa vie, mais il avait dû la répudier après la mort d'Apollinaire. L'écriture automatique assurait à présent le relais. Les mots s'associaient librement, dans une cascade d'images sonores, tantôt en espagnol, tantôt en français, au grand dam de la syntaxe et de la raison.

Il s'est dessiné dans son atelier, le 14 janvier 41, en train d'écrire *Le Désir attrapé par la queue*. C'était encore une manière de prendre date avec lui-même.

Michel Leiris avait convoqué les amis avant même que Picasso eût donné son accord définitif. Le maître fut impressionné par le tour de table. Il ne les connaissait pas tous, mais chacun figurait parmi les étoiles montantes d'un firmament encore bien assombri et étroit. Faites entrer les artistes d'un soir ! On annonçait pour la distribution rien de moins que Jean-Paul Sartre et Simone de Beauvoir, Raymond Queneau et Albert Camus. Une actrice. Un poète. Les Leiris, bien sûr. Et moi-même qui n'avais guère envie de rire, mais rirais encore plus fort pour faire comme si...

Michel Leiris m'avait demandé d'interpréter la Tarte.

— Pourquoi moi ? Parce qu'elle se montre nue en scène ?

— Parce que c'est le rôle féminin principal.

Il poussa même la gentillesse jusqu'à préciser que, de toute évidence, Picasso avait pensé à moi en écrivant *Le Désir attrapé par la queue*. Dans la pièce, disait-il, tout le monde courtise la Tarte. Elle est comme toi peintre : « ... les roses de ses doigts sentent la térébenthine... » Il est fait allusion plusieurs fois à ses mains. Les tiennes ont été célébrées par les photos de Man Ray et les peintures du maître, ce même maître qui garde au milieu de ses œuvres les gants ensanglantés de votre première rencontre. A un autre moment, Picasso écrit à propos de la Tarte : « ... ses sauts d'humeur ses chauds et froids farcis de haine ne sont rien au beau milieu du repas que l'aiguillon du désir entrecoupé de douceurs... le froid de ses ongles retournés contre elle... la lance du bouquet de fleurs qu'elle cueille dans l'air au passage crie entre ses mains l'adoration royale de la victime... »

De plus, Gros Pied, le rôle principal masculin, a de qui tenir. Ne dit-il pas : « ... les demoiselles d'Avignon ont déjà trente années de rente... » ? Il ajoute : « ... maintenant que la Tarte est partie écoutez-moi cette fille est folle et cherche à nous monter le coup avec ses manigances maniérées de princesse — je l'aime bien entendu et elle me plaît mais de ça à faire d'elle ma femme ma muse ou ma Vénus il y a encore un long et difficile chemin à peigner — si sa beauté m'excite et sa puanteur m'affole sa façon de manger à table de s'habiller et ses manières si maniérées m'emmerdent... »

Ecrite en 41, toute la pièce baigne dans les effluves d'une cuisine riche à l'excès. C'est le fumet dont on rêve par ces temps de restrictions. La Tarte est ainsi décrite : « ... tes fesses un plat de cassoulet et tes bras une soupe d'ailerons de requins et ton et ton [*sic*] nid d'hirondelles encore le feu d'une soupe aux nids d'hirondelles mais mon chou mon canard et mon loup je m'affole je m'affole je m'affole je m'affole... »

La Tarte, un rôle écrasant. J'ai refusé de l'interpréter. Je ne me sentais pas capable de relever le défi, d'autant plus que Picasso ne voulait pas prêter sa voix à Gros Pied. Le rôle de Gros Pied fut lu par Michel Leiris. Je dis bien « lu ». Le texte se révélera trop difficile à mémoriser avec sa syntaxe imprévisible, son absence de ponctuation, ses ruptures de ton et son flot de mots faisant cascader, cascader la vertu... Je me contentai d'un rôle plus modeste qui convenait mieux à mon état d'esprit du moment. J'étais l'Angoisse maigre, sœur de l'Angoisse grasse, habitante de la villa des Angoisses. Une adresse qui ne me semblait pas étrangère.

Albert Camus se chargea de la mise en scène. Il s'agissait en l'occurrence d'une mise en bouche. Il nous réunit pour préparer l'événement. C'est ce jour-là que je fis la connaissance de Simone de Beauvoir. Elle était dans la pièce la Cousine. Quand je l'entendis lire avec sa force de conviction son texte de l'acte V, je compris à quel point Picasso s'était inspiré de ce que nous avions vécu lui et moi. Ce qui me paraissait autrefois cocasse prit alors une tournure plus tragique.

La Cousine : toi la Tarte de ce pas je vais lui raconter tout à ta mère — c'est du joli et du beau — toute nue devant un monsieur un écrivain un poète et toute nue avec des bas c'est peut-être très littéraire et très cochon mais ça ne fait pas ni Vénus ni muse ni le genre qui convient à une jeune fille qui se respecte — et que va dire ta mère quand elle certainement apprendra au lavoir ta déplorable conduite dévergondée de fille publique traînée dans l'égout du studio artistique de Gros Pied par des désirs lubriques...

Depuis ma mère était morte... Et moi, que restait-il de moi ? Je n'avais plus aujourd'hui la conduite dévergondée de la fille publique qu'avait aimée Gros Pied. M'étant démise de mon rôle, le maître ne tarderait pas à le proposer à une autre. Je sentais que la nouvelle recrue n'allait pas tarder à se faire connaître. J'avais cru entrevoir l'esquisse de son visage sur une toile. C'est un signe qui ne trompe pas. Elle serait dans l'œuvre avant même d'être dans sa vie.

Le danger surgit toujours là où on ne l'attend pas. Sa survenue ne se pare pas des plumes du paon, il ne s'accompagne pas de fanfares. Le danger arrive en douce. Il porte une jupe plissée. Il sait chanter au mois de mai d'une voix enfantine qui vous envoie en pleine figure ses éclats coupants. Même si je ne voulais pas me l'avouer, ce que je craignais le plus au monde venait d'arriver.

La scène s'était passée au joli mois de mai. Mois de mai 43, il est vrai. Picasso et moi, nous sommes entrés comme chaque jour au Catalan. Notre amie, Marie-Laure de Noailles, était venue nous rejoindre aux Grands-Augustins et nous dînions avec elle. Le Catalan avait été vendu. Mandataire aux Halles, le nouveau patron s'approvisionnait si bien par ces temps de famine que la police avait dû fermer son établissement une semaine pour cause de marché noir.

La conversation était toujours animée. Marie-

Laure avait l'art d'accommoder d'une saveur originale la moindre anecdote et sa fougue mettait en branle les étages superposés de sa coiffure. Picasso qui appréciait ses talents l'appelait Louis XIV par référence à son architecture capillaire. Ce jour-là pourtant, et Marie-Laure avait beau être en verve, elle s'adressait à un auditoire très peu attentif. A peine assis, Picasso avait manifesté tous les signes de la dissipation. Il s'en était pris d'abord à Kazbek avec lequel il n'avait pas l'habitude pourtant de jouer au maître. Il avait tourné ensuite le dos à Marie-Laure et à moi-même pour ne rien perdre du spectacle des tables voisines. Enfin, et surtout, il avait multiplié les manifestations d'amitié en direction de la table du comédien Alain Cuny qu'il connaissait à peine, exagérant à tout va la sonorité de son rire. On aurait dit que Zeus envoyait ses éclairs zébrer les nues.

Je me doutais que ce n'était pas pour Alain Cuny que le dieu des dieux se mettait en si grands frais. J'échangeai même avec Marie-Laure un regard de complicité. Elle comprit que j'avais compris. Aussi força-t-elle de plus belle sur l'anecdote afin d'obliger Zeus à revenir parmi nous. Ce qui n'empêcha pas ce dernier, n'y tenant plus, de s'emparer au dessert du compotier de cerises qu'on venait de nous apporter, et d'aller l'offrir à la table voisine sans nous demander notre avis.

Ce n'était évidemment pas le comédien qui retenait l'intérêt du maître depuis le commencement du dîner. Deux très jeunes filles accompagnaient Alain Cuny et elles étaient belles. Quand Picasso se planta devant elles avec son compotier de cerises, elles parurent si peu effarouchées que la rencontre ne donna pas le sentiment du hasard. Picasso s'exclamait, abusant de sa séduction et de son accent espagnol : « Alors, Cuny, est-ce que vous allez me présenter à vos amies ? » Les amies en question avaient l'air de ne rien ignorer de l'identité du porteur de cerises. Ce n'était pas sorcier de savoir qu'au Catalan, on avait de grandes chances d'apercevoir Picasso et de s'exhiber à sa vue. L'eussent-elles ignoré que le comédien se serait fait un plaisir de les renseigner.

Mon pressentiment devint certitude, quand l'homme aux cerises, de retour à notre table, voulut nous faire part d'une découverte qu'il jugeait proprement incroyable. Les deux jeunes beautés se prétendaient peintres ! Il riait, mordant avec gourmandise dans la chair ferme des bigarreaux dont on venait de nous apporter un autre compotier. Rendez-vous compte, renchérissait-il, la commissure des lèvres ensanglantée par le jus des cerises, des filles qui ont cet air-là ne peuvent pas être peintres !

— Quel air ? interrogeait Marie-Laure. Quel air, Pablo ? Vous êtes ici à une table où tout le monde peint, je ne vois pas que nous ayons une tête particulière.

— Je voulais parler de leur âge, crut-il bon de préciser.

— Vous aggravez votre cas, répliqua Marie-Laure.

— Mais, ce sont des enfants, insista-t-il.

— De belles infantes, dis-je.

Il précisait encore, non sans fierté, que les deux jeunes filles venaient de lui confier qu'elles exposaient en ce moment rue Boissy-d'Anglas. J'avais du coup la confirmation qu'on lui avait tendu un piège et qu'il allait se faire un plaisir d'y tomber. Quelques jours plus tard, il m'annonça en effet qu'il était allé voir l'exposition des deux Grâces. Leurs œuvres n'étaient bien sûr pas abouties, mais pleines de promesses. Laquelle des deux semble le mieux les tenir, ces promesses ? ai-je demandé sournoisement.

— Ce n'est pas encore vraiment clair. Elles sont si jeunes qu'elles ne donnent pas l'impression de pouvoir se distinguer l'une de l'autre. On dirait qu'elles font encore tout ensemble.

— Ce qui ne doit pas vous déplaire.

— Quoi donc ?

— Le thème des deux femmes, c'est une constante de votre œuvre. Femmes en simultané et femmes en alternance.

J'ajoutai pour mieux illustrer mon propos que j'avais reçu, le jour même et à mon adresse, une robe aux mesures exactes de Marie-Thérèse. Il y avait de fortes chances pour que Marie-Thérèse eût reçu la mienne, offerte le même jour par la générosité bégayante du même amant. N'aimait-il pas illustrer jusque dans sa vie le fameux thème des deux femmes ?

Nous sommes tous réunis chez Michel Leiris pour la lecture du *Désir attrapé par la queue*. Je dois faire contre mauvaise fortune bon cœur. Au reste, cette expression, faire contre mauvaise fortune bon cœur, je la déteste presque autant que la situation à laquelle elle se réfère. Je ne veux pas savoir s'il a revu ses écolières et encore moins s'il en a choisi une au détriment de l'autre. La pièce que nous nous apprêtons à lire devant un public choisi porte décidément bien son titre.

Au quatrième étage du quai des Grands-Augustins, à deux pas de chez Picasso, les fenêtres des Leiris donnent sur la Seine. Dès sept heures du soir, toutes les chaises que nous avons pu aligner sont occupées. On s'assied par terre ou on se cale le dos contre le mur. Il y a là le ban et l'arrière-ban de la famille. Plus les collatéraux. Et tous ceux qui sont supposés tels. Georges Bataille est venu seul. Nous ne nous sommes pas revus depuis des années et des années. Il a toujours cette douceur indifférente qui fait de lui un diable trop civilisé. Nous nous regardons longuement, sans un mot, sans un geste, à peine un bonjour. Nous sommes les combattants d'une autre guerre qui n'a plus aujourd'hui aucun sens. Sylvia Bataille est arrivée de son côté avec son nouveau compagnon, Jacques Lacan. Ce dernier est depuis longtemps le médecin personnel de Picasso. Il ne le soigne que pour des bobos. Je l'ai souvent croisé rue des Grands-Augustins et nous avons échangé des sourires distants mais prolongés. De manière confuse, j'ai senti qu'en cas de malheur, il pourrait m'être d'un grand secours. Il forme avec Sylvia Bataille un curieux couple. La comédienne est spontanée et toute gracile, le psychanalyste protecteur et affecté, avec un regard d'une insatiable curiosité. Il viendra un jour me chercher en enfer. C'est le genre de voyage qu'on n'oublie pas.

Les plus comédiens ne sont pas ceux qu'on pense. Les faux vont monter sur scène. Les vrais sont dans la salle : la merveilleuse Sylvia Bataille,

Jean-Louis Barrault, le tout jeune Mouloudji. Mais aussi des poètes, des peintres, des éditeurs. Et puis Braque, le grand Georges Braque, l'ami de Pablo. Ils furent longtemps inséparables. Les retrouvailles ne sont-elles pas touchantes ? Il manque Max Jacob. Max est mort à Drancy et nous n'avons pas su le sauver. Il était le premier ami français d'un certain Picasso qui venait de débarquer à Paris. Le poète avait donné au jeune peintre espagnol le goût de la langue et de la poésie françaises. Alors, à quoi ça rime de faire aujourd'hui cette lecture devant le portrait du pauvre Max, dessiné à la mine de plomb par Picasso, en 1915 ?

Janvier 1915, c'est juste le moment où Max vient de se faire baptiser. Picasso dessine de manière sage le nouveau chrétien, un peu moine, un peu paysan, un œil triste, l'autre fou. Il est mort, celui que ses amis appelaient le lutin. Je ne l'ai rencontré qu'une seule fois, c'était au jour de l'An 37. Nous étions allés le surprendre dans sa cellule monacale, toute proche de l'église de Saint-Benoît-sur-Loire. Il était si heureux de retrouver Picasso que, dans son élan, il m'avait surnommée la jolie dame étrusque. Nous nous étions promis de nous revoir, mais Max s'était mis à écrire dans la revue *Occident* qui faisait l'apologie de Franco. Le maître l'avait alors rayé de sa mémoire. Picasso excellait dans l'art de tirer un trait.

Le 24 février 1944, Max est arrêté en tant que Juif comme le fut, avant lui, toute sa famille. On l'arrache à sa cellule de moine de Saint-Benoît-sur-Loire. Il meurt à Drancy d'une broncho-pneumonie aussi fulgurante que son désespoir. De tous les hommes qu'il a aimés, et il les a aimés de toutes les manières, il a toujours dit que Picasso était celui qu'il préférait. Ce soir, 19 mars, nous lirons *Le Désir attrapé par la queue*. Dans deux jours, le 21, nous irons à Saint-Roch assister au service funèbre de Max, côte à côte, Michel Leiris, Picasso et moi.

Albert Camus saisit le bâton et frappe les trois coups. Le silence se fait et Camus suggère sobrement le décor dans lequel nous devrions jouer et qui fait ce soir défaut. A l'acte II, il s'attardera plus longtemps à décrire les couloirs du Sordid's Hôtel où l'action est censée se dérouler. Pour l'instant, Leiris en Gros Pied et Sartre en Bout Rond ouvrent le bal avec une surprenante application. Une farce ! Ce n'était qu'une gentille farce, sur le modèle des *Mamelles de Tirésias*, avait décrété Simone de Beauvoir en répétition. Picasso avait bien compris que la Beauvoir, ainsi l'appelait-il, faisait la fine bouche mais il s'était montré flatté de la comparaison. Il avait même ajouté que Guillaume Apollinaire, l'ami Guillaume et le père desdites *Mamelles*, n'avait jamais quitté son esprit et son cœur, ce qui était la plus exacte des vérités.

Va pour la farce ! Par ces temps de tragédie, chacun se reconnaît avec soulagement dans l'esprit du farceur. Et la Cousine, *alias* Simone de Beauvoir, n'est pas la dernière, le jour de la lecture, à défendre un texte qu'elle traitera d'amusette, seize ans après, dans *La Force de l'âge*. Elle s'est faite belle pour l'occasion. Il y a chez Leiris la crème de la crème et chacun s'est mis sur son trente et un afin de comparaître devant l'auteur.

Picasso n'est-il pas le regard absolu ? Simone de Beauvoir a haussé d'un cran sa couronne de tresses. Son éclatant pull-over rouge en angora lui confère une étonnante sensualité. Amusette, avez-vous dit, chère Simone, mais vous avez tout l'air d'entrer dans le jeu avec délice ! Vous êtes belle et convaincante lorsque vous évoquez, les yeux humides, cet homme dont le souvenir semble vraiment vous poursuivre : « J'ai connu à Châteauroux un monsieur un architecte qui portait des lunettes qui voulait m'entretenir — un monsieur très bien et très riche il ne voulait jamais que je paye mon dîner... c'est lui qui m'a appris à découper correctement une sole-limande... »

Vous êtes la seule parmi nous à avoir pris soin de mémoriser votre rôle. Ainsi pouvez-vous ne pas rester les yeux rivés à votre texte. Vous en profitez pour tirer un effet de la moindre de vos répliques. Albert Camus se montrera très satisfait de votre interprétation et Picasso de votre élégance. Pablo insiste, le contraste de votre collier de grosses perles bleues et l'angora du pull rouge, vraiment réussi ! Et vous, Simone, vous rougissez du compliment. Vous ajoutez même pour dissiper votre trouble que le pull et le collier vous ont été prêtés par deux amies différentes.

Je relis aujourd'hui *Le Désir attrapé par la queue*. Chaque réplique porte l'empreinte du temps passé. Je revois le visage des interprètes. Ils étaient jeunes. Ils étaient vivants. Je me souviens de Picasso écrivant la pièce d'un seul trait, comme on prend une cuite, le jour où on n'en peut plus. Je retrouve mon émotion d'alors. Ces mots, dans leur délire, ne ressemblaient-ils pas à ceux que nous échangions dans le secret de nos folies ? « Bonjour bonsoir je vous apporte l'orgie je suis toute nue et je meurs de soif... et d'abord embrassez-moi sur la bouche et ici et ici ici ici et là et partout — faut-il que je vous aime pour être venue ainsi en savates en voisine et toute nue vous dire bonjour et vous faire croire que vous m'aimez et voulez m'avoir contre vous toute petite amante que je suis pour vous... »

C'est ainsi que la Tarte s'adresse à Gros Pied, interprété par un Michel Leiris dont le crâne rasé et austère semble contredire la truculence du texte. Quant à la Tarte, c'est la ravissante Zanie Campan, épouse de l'éditeur Jean Aubier. Le rôle lui sied à merveille et elle se taille un vif succès personnel. C'eût été un triomphe, si elle avait consenti à suivre les indications de l'auteur, relayées avec un grand empressement par celles d'Albert Camus, le metteur en scène. N'était-il pas en effet précisé, acte II scène 2, que la Tarte devait sortir nue de la grande baignoire installée sur la scène, avec seulement ses bas ?

Le rôle de l'Angoisse maigre dans lequel je me glissais sans grande difficulté avait ses morceaux de bravoure. Ainsi déclare-t-elle, elle aussi, sa flamme au Gros Pied, *alias* Michel Leiris, *alias* Picasso : « Il est beau comme un astre c'est un rêve repeint en couleurs d'aquarelles sur une perle... — son pantalon est gonflé de tous les parfums d'Arabie ses mains sont de transparentes glaces aux pêches et aux pistaches — les huîtres de ses yeux renferment les jardins suspendus bouche ouverte aux paroles de ses regards... »

Et l'Angoisse grasse, lue par la femme du poète Georges Hugnet, de renchérir : « Je tirerais bien un coup avec lui sans qu'il le sache... »

Au dénouement cependant, tous les personnages s'immobilisent. Le ton change. Ma sœur, dite l'Angoisse grasse, ne vient-elle pas de prophétiser : « Tout ça finira mal » ? Le Gros Pied, dans sa dernière réplique, est plus picassien que nature : « Enveloppons les draps usés dans la poudre de riz des anges — et retournons les matelas dans les ronces — allumons toutes les lanternes — lançons de toutes nos forces les vols de colombes contre les balles — et fermons à double tour les maisons démolies par les bombes. »

Pour conclure, Camus ajoute qu'une boule d'or vient brusquement aveugler les personnages. Ils se bandent les yeux. Dernière indication : sur la boule d'or, apparaissent les lettres du mot « personne ».

SILENCE

Ce ne sont pas les balles qui crépitent ni les bombes qui fracassent nos têtes. Juste le bruit des applaudissements. Nous sourions. Nous nous courbons en deux. Pour un peu, nous nous prendrions au sérieux. Sartre et Camus pillent les vases du salon pour offrir des fleurs aux interprètes féminines. Mais tout l'encens monte vers Picasso. C'est du Rabelais, c'est de l'Alfred Jarry. Bref, c'est du Picasso.

— La fête continue ! déclare Camus.

Il a une belle voix chantante. Il n'a pas encore maîtrisé son fort accent pied-noir.

— La fête commence ! corrige Picasso.

A son signal, on dresse le buffet et ce n'est pas celui d'une ville assiégée. Dans *Le Désir attrapé par la queue*, les personnages semblent dessinés par un Arcimboldo. Songes de prisonniers, chair de victuailles, odeurs de faisans. On passe à présent du rêve à la réalité. Les Leiris seraient bien incapables de rassembler tant de mets et tant de bouteilles. Les généreux donateurs ? Un couple d'Argentins, richissimes admirateurs de Picasso. Depuis longtemps, ils le supplient de bien vouloir peindre des panneaux pour leur hôtel particulier. Ma peinture n'est pas faite pour décorer les salons, répond-il. Mais, comme il ne leur a pas tout à fait dit non, ces deux-là continuent à espérer. Ils m'ont même demandé d'intercéder en leur faveur, m'appelant à cette occasion Argentina Dora. Ils se sentent flattés d'assister ce soir à l'événement le plus parisien de ces temps redoutables. Je ne sais plus lequel de ces messieurs — est-ce Sartre, Queneau, Picasso ou Camus ? — arrange à sa manière l'air célèbre de *La Vie parisienne* : « Je suis Argentin, j'ai de l'or... Paris, Paris, je te retrouve encore ! »

Heureux couple qui peut se targuer cette nuit-là d'offrir le boire et le manger à toute une Rive gauche sous férule allemande. Amuse-gueule, viandes, bordeaux, délices de Capoue, poissons, gibiers, champagne, gigantesque pièce montée toute ruisselante de chocolat noir, mignardises. La fête dure la nuit entière. N'avons-nous pas une bonne raison de nous abreuver jusqu'au lever du jour ? Le couvre-feu, pardi ! Nous sommes les prisonniers éméchés d'une ville en guerre. Il importe de tenir jusqu'au matin.

Cette nuit lance la mode de ce que Michel Leiris baptisa la fiesta. Il y aura beaucoup d'autres fiestas avant la libération de Paris et les derniers combats. Aucune ne laissera pareil souvenir. Picasso en est le centre et la lumière. La fête émane de lui sans qu'il songe même à briller. Chacun n'a-t-il pas à cœur d'entrer pour lui dans la bacchanale ? Choisi par cooptation, chaque participant croit alors à sa propre pérennité. L'alcool aidant, on oublie que le sursis expire aux premières lueurs de l'aube.

Sartre et Camus tapent sur des casseroles un rythme qui se veut africain. Queneau et Bataille se battent en duel avec les bouteilles qu'ils viennent de vider. Et moi, je fonce dans l'arène, tantôt matador, tantôt toro, mimant à moi seule la corrida. Ne suis-je pas la femme du maître ? Je participe comme les autres à l'extase sociale et personne ne me fera descendre de mon piédestal. Il n'y a jamais eu de jupes plissées. Il n'y a jamais eu d'écolières. La femme du maître, dis-je, c'est cela mon emploi ! Demain, nous irons à Saint-Roch, mon amour, dire adieu à Max.

C'est pour moi le commencement de la fin, mais je ne le sais pas. Je ne veux pas le savoir. Comment l'admettre en effet, cette nuit-là ? Cette nuit-là surtout. N'est-ce pas la paix, que nous envisageons tous, à ce moment précis ?

Déjà elle semble arriver. Et, faute d'être ses combattants, ne sommes-nous pas, ce matin, ses annonciateurs ? Bientôt Picasso exposera de nouveau au grand jour et chacun pourra apprécier le chemin parcouru. N'aurons-nous pas tout traversé ensemble ? Le pire et le meilleur, comme on dit à l'église, l'avant-guerre et la guerre, alors pourquoi pas l'après-guerre ? Ne sommes-nous pas inséparables ? Tout le monde associe nos noms. Il y a Picasso et Dora. A personne, il ne viendrait l'idée de signaler la présence de l'un sans ajouter aussitôt celle de l'autre. Les rencontres amusantes, les écolières et les jeux de colin-maillard ne pèsent pas lourd au regard de notre amour. Et même, au regard de notre mutuelle détestation. Car chacune de nos émotions s'épanouit sur un terrain de violence. Nous n'y pouvons rien, mon amour. Ton corps, comme le mien, est ainsi fait. La violence se surajoute à la violence dans nos corps à corps.

C'est au petit matin que j'éprouvai le plus fort l'absence d'Eluard et de Nush. Dans les vapeurs de l'alcool et de la lassitude, j'eus le pressentiment de devoir les perdre eux aussi. J'avais pourtant aperçu Paul quelques jours plus tôt. Il était passé en trombe rue des Grands-Augustins et, comme je ne m'y trouvais pas, il avait encore fait un détour pour venir m'embrasser rue de Savoie. A présent, il se cache d'un appartement l'autre. Tantôt à Paris, tantôt ailleurs. J'ignore à ce moment-là qu'il va prendre le risque de ressurgir de la clandestinité pour venir dès le lendemain à Saint-Roch, au service funèbre de Max.

Dans le salon des Leiris, certains se sont assoupis. D'autres, partageant leurs Celtiques de marché noir, continuent à parler. Je me rappelle avoir écarté le rideau de la fenêtre. Déjà la Seine coule dans la première lumière. La journée sera belle.

Les taches sombres de l'hiver se sont effacées. Comment ne pas penser à Apollinaire ?

> L'amour s'en va comme cette eau courante
> L'amour s'en va
> Comme la vie est lente
> Et comme l'Espérance est violente.

XI

Pourquoi n'ai-je jamais rien pu faire comme les autres ? Quand Paris se libère, quand la France — pauvre, douloureuse, divisée, mais ô combien soulagée — retrouve la paix, c'est à ce moment-là que commence pour moi quelque chose qui n'est pas l'enfer mais à quoi je ne parviens pas à donner un autre nom. Des mois, des années même, d'une chute que rien ne semble pouvoir arrêter. Avec de longues rémissions et des moments presque voluptueux où le vertige se prend pour l'extase.

Août 1944. De cette terrible partie qui se joue dans les rues de Paris, je me sens d'emblée exclue. On tire à chaque coin de rue, depuis chaque toit. Des hommes et des femmes jeunes meurent — certains auront droit à une de ces petites plaques que plus personne ne vient aujourd'hui fleurir et qui me donnent envie de pleurer —, le sort de tous se décide les armes à la main, et moi, je suis enfermée dans une déréliction égoïste, dans le stupide lamento des faibles, dans le trop complaisant : un seul être vous manque et tout est dépeuplé. Mais, nom de Dieu, c'est vrai qu'il me manque !

Au point de ne plus savoir qui je suis. Car enfin, n'ai-je pas existé avant lui ? N'ai-je pas été une grande fille avant qu'il ne me dise avec le vous-soiement des grandes occasions : « Ma chère, je vous ai tout appris. L'amour et la peinture. Mais, vous, avez-vous compris la leçon ? » Et moi, idiote, je n'ai qu'un seul désir, prolonger la leçon, dussé-je la payer de mon humiliation.

Je t'aime trop pour être capable d'une révolte. Un simple sursaut m'aurait pourtant permis d'échapper à ton emprise. Je me serais alors retrouvée en phase avec mon pays. Alors que je sombre au moment où partout la joie renaît. L'amour s'en va comme cette eau courante... Moi, c'est à contre-courant que je me suis mise à vivre. La foule exulte et je me désespère.

Lorsque les combats ont commencé dans Paris, tu as pris la décision de quitter les Grands-Augustins pour rejoindre, boulevard Henri-IV, Marie-Thérèse et Maya dans l'appartement qu'elles habitent depuis la fin de leur séjour à Royan. Tu me dis que la situation devient trop dangereuse et que ta fille a besoin d'un père pour la protéger. A cela, qu'y a-t-il à redire ? Je me garde bien de répliquer qu'ayant connu ensemble les tourments de la guerre, il aurait été bon de connaître, ensemble aussi, la Libération. Je me tais. Tu ajoutes alors qu'au dernier moment, des règlements de compte auront sans doute lieu. Les collabos en profiteront pour venir aux Grands-Augustins te demander des comptes et détruire des œuvres, symboles pour eux d'une insupportable liberté. S'ils te savent absent des Grands-Augustins, ils ne perdront pas leur temps à venir tout fracasser.

Raisonnement confus auquel tu t'accroches. Tu me dis à bientôt. Je te réponds de manière évasive. A dire vrai, je vois mal comment nous pourrions nous retrouver. Non que j'aie peur de mourir ou que tu ne sois tué, mais je sens désormais entre nous une impossibilité, géographique, historique, physique, à nous rejoindre. De plus en plus souvent, l'angoisse s'ouvre devant moi et elle ne semble pas devoir se refermer. N'est-il pas dans sa nature de viser l'infini ? Celle-ci mériterait d'habiter la villa des Angoisses du *Désir attrapé par la queue.* Elle paraît sans fin. Comment la guerre s'achèverait-elle dans les rues, alors qu'entre nous elle va commencer ?

Tu es parti. Je suis restée dans ma forteresse de la rue de Savoie. Un camp retranché. Mon père, s'inquiétant pour ma sécurité, a voulu venir me rejoindre. Je l'ai rassuré. Il n'y a rien à craindre pour moi puisque Picasso est avec moi. C'est le début du mensonge. On croit qu'il va vous protéger comme les douves défendent les anciennes fortifications. Le mensonge creuse autour de vous un fossé. Il ne fait que vous enfermer en vous-même. Et votre for intérieur, pauvre vieux fort médiéval, à quoi ressemble-t-il ? A rien. Il est vide. Irrémédiablement vide. Personne n'a envie d'y pénétrer. Il est bien inutile, voire comique, d'inscrire sur le seuil : Défense d'entrer.

Avant toi, j'étais une jeune femme que l'on disait libre. J'avais des amis, on appelait certains d'entre eux surréalistes. J'étais photographe. J'avais une signature. On associait souvent mon nom aux groupes militants d'extrême gauche. N'as-tu pas reconnu toi-même que je n'étais pas tout à fait étrangère à ton *Guernica* et à tes prises de position en faveur des républicains ? Que suis-je devenue ? Aujourd'hui, je me morfonds alors que Paris se soulève. Que suis-je à vouloir, comme un pisteur, chercher dans l'île l'unique trace du Minotaure, quand, partout ailleurs, l'odeur de la poudre témoigne d'un autre combat ?

Au Vert-Galant, loin du bruit des armes, c'est encore à toi que je pense. Ma main caresse en vain le tronc d'un grand arbre, tout au bout de l'île, que j'ai vu se dresser dans tes plus récentes œuvres. Tu avais trouvé qu'il ressemblait à ceux que Matisse peignait et c'est pour ça que tu l'avais choisi.

Tu es revenu et tout était changé. Il faisait beau. On continuait à se battre au loin. A Paris, les tirs s'étaient tus. Aucun fantôme n'était encore rentré des camps de la mort, révélant à ceux qui ne voulaient pas la voir l'horreur, la vraie, au-delà de l'imagination, au-delà de tout.

Dans cet entre-deux qui n'est plus la guerre, qui n'est pas encore la paix, il y a un large espace où la joie pousse drue. On dirait le désert, après des dizaines et des dizaines d'années de sécheresse, quand survient enfin la pluie. Elle fait exploser les anciennes graines et donne aux spores que l'on croyait mortes une irrépressible exubérance.

Notre quartier, si vieux, si rangé, est à présent livré à des hordes de jeunes gens qui semblent nés par génération spontanée de la matière rendue à sa liberté. Ils vont en cortège visiter le maître, second monument de Paris, juste après la tour Eiffel. De retour aux Grands-Augustins, Picasso, l'Espagnol, Picasso, l'ex-chef de la peinture dégénérée, se voit célébré par la jeunesse. Il devient le symbole, le génie de la France libérée. Tous veulent le voir.

Le premier est Hemingway. Il arrive aux Augustins alors que Picasso se trouve encore chez Marie-Thérèse. L'écrivain combattant laisse dans la loge une caisse de grenades sur laquelle la concierge, affolée, ne peut que déchiffrer ces mots en français : « Pour Picasso, de la part de Hemingway. »

D'autres suivront. Officiers anglais et américains. Ils arrivent du front et s'endorment dans les fauteuils ou sur le sol même des Grands-Augustins. L'atelier ressemble à une salle d'attente. Ton œuvre, on la regarde au passage. C'est toi que l'on veut voir. C'est toi qui fais la une des journaux américains. Tu es devenu l'icône et les soldats à peine démobilisés se pressent pour la célébration. Certains voudraient s'approcher. Plus près de toi, mon Dieu, plus près de toi... Te toucher. Ou mieux, être touché par toi. Les jeunes femmes ne sont pas les dernières à accourir. Et, si elles ne montent pas encore à genoux les marches des Grands-Augustins, elles se précipitent volontiers dans tes bras. Sabartès est furieux. Et c'est à moi, son ancienne ennemie, qu'il se plaint de tous ces débordements. N'a-t-il pas dû chasser une jeune fille, que tu n'avais jamais vue auparavant et qui avait réussi à se glisser nue entre tes draps ? Toi, le chasseur, tu t'es soudain senti devenir gibier et tu as appelé au secours Sabartès, ta duègne, qui a aussitôt expulsé l'intruse.

Je ne me suis pas opposée à ton entrée au parti communiste. S'en étonneront sans doute ceux qui disent que je suis aujourd'hui devenue une grenouille de bénitier ! Il est vrai qu'en 1944, nous n'étions pas encore sortis de la guerre, les choix se présentaient différemment. Et puis, il y avait Eluard auprès de toi. C'est lui qui avait accompagné ton cheminement et j'avais une entière confiance en lui. Elle ne se démentira jamais. Aux pires moments, Paul Eluard a été à mes côtés. Son amitié était de l'amour, quand l'amour sait se débarrasser de la passion et se vit dans la plus profonde empathie.

Picasso était de retour aux Augustins. Nous avions repris le rite du téléphone et de nos déjeuners au Catalan, mais je fréquentais moins son atelier. Il y avait foule et je n'aimais pas voir la dissolution de cette œuvre incomparable dans un phénomène de mode. C'était du moins mon argumentation et j'essayais de m'y tenir. Je sentais confusément qu'il y avait beaucoup plus grave, que j'étais sur le point de perdre l'homme que j'aimais et que ma vie même était en jeu. Je pouvais me battre contre les adorateurs de Picasso et trouver mon chemin jusqu'à lui à travers les vapeurs d'encens. Il m'était plus douloureux de deviner la jupe plissée qui virevoltait sans cesse devant les yeux du peintre. Je refusais de voir cette jeune personne, de reconnaître son profil, sa silhouette, qui participaient pourtant à la *Bacchanale*, inspirée de Poussin et terminée en août 44, lors de ton retour aux Grands-Augustins. Je ne voulais pas lui donner un nom, encore moins un visage.

Les situations pouvaient être complexes, Picasso s'arrangeait toujours pour les organiser à sa convenance. Il avait la matière à sa main. Pourquoi les êtres humains auraient-ils affiché plus de résistance ? Son séjour chez Marie-Thérèse m'avait désespérée, il ne m'avait pas abusée. Marie-Thérèse n'était pas mon ennemie, elle ne l'était plus. J'avais senti qu'un autre amour était sur le point de naître et que Picasso voyait dans cette retraite familiale une sorte de no man's land. Il s'accordait le temps nécessaire à sa métamorphose. Un monde nouveau allait commencer et Picasso encore une fois le devancerait. Je n'étais pas certaine qu'il me voulût à ses côtés dans ce monde-là. Ma survie pourtant en dépendait.

Les Grands-Augustins étaient devenus l'antichambre obligée de tous ceux qui se lançaient à l'assaut de la gloire, esthétique ou littéraire. Il fallait donner l'impression d'avoir été adoubé par le maître. Et, s'il ne daignait paraître qu'un court instant, on discutait entre soi, sans jeter un seul regard aux œuvres. Au reste, on avait pris l'habitude de leur tourner le dos dans les vernissages auxquels on se devait d'être invité. Enfin, Picasso apparaissait aux yeux de ses thuriféraires ébahis. Rieur, affairé, il était certes le plus jeune d'entre eux. Plus tard, ils diraient « j'y étais », certains l'écriraient. Pour moi, le danger était ailleurs. Mais ce danger-là, je n'avais pas le pouvoir de le vaincre.

La date de ton adhésion au parti communiste fut pourtant débattue à trois, toi, Paul et moi. Ce serait en octobre. Ainsi, ferais-tu feu de tout bois. D'une part, le Salon d'automne auquel tu n'avais jamais voulu participer présenterait une rétrospective de ton œuvre. De l'autre, tu annoncerais, deux jours avant l'ouverture du Salon, la nouvelle de ton adhésion au parti.

Tu es à la « une » de *L'Humanité*, le 5 octobre 1944. Le journal a du mal à s'approvisionner en papier et il ne fait paraître chaque jour qu'une seule page recto verso. Ce jour-là, la moitié de sa « une » t'est consacrée. Des photos de toi avec Marcel Cachin et Jacques Duclos. Un texte d'Eluard, sous la reproduction de *L'Homme à l'agneau* : « Toute la tendresse et la bonté profonde de l'artiste éclatent dans ce visage concentré d'homme du peuple. »

J'ai gardé un exemplaire de l'*Huma* de ce 5 octobre 44. J'avais oublié combien la guerre était encore présente. A côté des trois colonnes consacrées à Picasso, deux autres parlent des combats qui se poursuivent. Sous le titre : « Goebbels appelle à une guérilla désespérée », ces mots du même Goebbels : « Chaque maison, a-t-il déclaré, doit se transformer en forteresse, chacun doit se préparer à lutter et à mourir. L'adversaire doit trouver au cours de son avance, devant et derrière lui, une population fanatique qui le harcèle sans arrêt. » Ainsi parle Goebbels qui s'empoisonnera avec toute sa famille dans le bunker de Berlin, lors des derniers jours de combat.

En ce début d'octobre, je t'accompagne au cimetière du Père-Lachaise où le parti communiste organise un hommage aux intellectuels morts pendant la guerre. J'en profite pour faire des photos qui seront publiées par *Ce soir*, le journal d'Aragon. On te voit en tête du cortège. Il y a Paul à ta droite, comme au premier jour de notre rencontre, et Raymond Queneau à ta gauche. On devine Nush au second rang, son petit sac se balance, fatigué, au bout de son bras gracile. Ma belle Nush va bientôt s'effacer. Et ce choc comptera tant dans mon désespoir à venir.

Pendant ce temps, au Salon d'automne, le scandale éclate et quel scandale ! A côté des autres œuvres qui ont un siècle de retard, les tiennes bousculent les esprits. Tu montres, souvent pour la première fois, des peintures et des sculptures de grand format, qui s'échelonnent entre 1937 et tes plus récentes natures mortes, à peine sèches. Figurent à la place d'honneur de nombreux portraits de Marie-Thérèse et de moi-même. De jeunes collabos tardivement en colère veulent cracher à la figure de nos effigies. Ils disent que nous sommes les putains du barbouilleur. En effet, l'annonce concomitante de ton adhésion au parti a mis le feu aux poudres. Les jeunes doriotistes, de mèche avec les messieurs de l'Institut, crient comme des mouettes affolées et conspuent ta peinture qu'ils jugent de plus en plus dégénérée : « Remboursez ! Décrochez ! Brûlez tout ! » Sans doute se souviennent-ils avec nostalgie de l'autodafé des Tuileries où ceux qui leur ressemblaient ont fait un bûcher des toiles de Klee, Masson, Miró, Léger, et de Picasso bien sûr.

Tu ne mets pas les pieds au Salon, mais tu fais mine de te réjouir de la cabale. Tu répliques, et tu te serviras à plusieurs reprises de la formule : « Le pire aurait été qu'il ne se soit rien passé. » D'autant plus qu'une protestation, signée par tous ceux qui comptent, Valéry, Mauriac, Eluard, Sartre, Aragon, stigmatise les braillards et soutient le créateur.

Le bruit est tel que certains prétendent que Picasso a transformé son engagement — le mot est à la mode — en argument publicitaire. Il est obligé de s'en expliquer dans un magazine américain d'extrême gauche. Le texte est repris par *L'Humanité* : « Mon adhésion au parti communiste est la suite logique de toute ma vie, de toute mon œuvre. Car je suis fier de le dire, je n'ai jamais considéré la peinture comme un art d'agrément, de distraction ; j'ai voulu par le dessin et la couleur, puisque c'était là mes armes, pénétrer toujours plus avant dans la connaissance du monde et des hommes, afin que cette connaissance nous libère chaque jour davantage. »

Au Salon d'automne, une jeune garde s'est organisée pour défendre les œuvres du maître. Admirateurs, résistants, étudiants, peintres. Les jeunes filles, jupes plissées ou non, ne sont pas les dernières à souhaiter te faire de leurs corps un rempart.

Les années de guerre ont privé le pays de ses artistes et de leurs œuvres. Le gouvernement de Vichy a suscité dans les esprits une formidable régression esthétique. En 44, il y a un fossé d'incompréhension entre le goût du public et les œuvres des artistes.

J'existe encore et je tiens, moi aussi, à le faire savoir. Jamais je n'ai autant peint que depuis la mort de ma mère. La douleur ne m'a pas libérée. Je sens en revanche la nécessité de m'accrocher à une bouée de sauvetage. Quand ma main gauche serre convulsivement le pinceau, je pense chaque fois aux doigts de ma mère, crispés sur le combiné où elle n'entendra plus ma voix. Pourquoi n'avons-nous pas trouvé les mots ? Pourquoi est-il toujours trop tard ? Pourquoi y a-t-il un moment à ne pas dépasser ? Je suis seule à présent rue de Savoie et je me tiens à mon pinceau. Je n'ai plus que lui pour me faire avancer. C'est lui qui me tire. Mon corps entier dépend de lui.

Picasso me dit pourtant : « Laisse-toi davantage aller. Ton pinceau n'est pas un canif que tu vas allégrement te planter dans la main pour châtier la pécheresse ! La peinture n'est pas un boulot de pénitent. N'oublie pas, Dora, n'oublie pas la joie. Le monde que tu vois regorge de défauts, ce n'est pas ton devoir de les corriger. Montre-le, ce monde, comme il mérite d'être montré : cul par-dessus tête ! »

Au lieu de l'écouter béatement comme d'habitude, un soir, j'ai répondu que, décidément, il semblait de mieux en mieux posséder les vertus pédagogiques. A croire qu'il s'entraînait à les développer avec d'autres. Ma jalousie vise aujourd'hui ses écolières comme autrefois la sienne s'adressait à Georges Bataille. Il a claqué la porte et je ne l'ai pas retenu. Je savais que je l'avais perdu.

XII

J'entre dans une période de désordre. Il n'y a plus de fil conducteur, plus de chronologie. Tout se brouille dans ma tête. Dans le pays pourtant, il n'est question que de reconstruire. Toujours à contre-courant, je suis.

J'ai vécu ces années-là, deux ans peut-être, le démembrement du temps et de moi-même. Je me souviens des faits, je me souviens de mes émotions, je ne parviens pas à reconstituer leur enchaînement. Pis, je ne souhaite pas réorganiser ma mémoire, ni retrouver au fond de mes valises les documents, les coupures de journaux ou les catalogues d'exposition qui me permettraient d'aligner quelques jalons. La confusion de mes souvenirs constitue le meilleur reflet de ce que je vécus des mois durant. Entendons-nous bien, je n'accuse personne. Je ne dis pas que les électrochocs ont endommagé ma mémoire immédiate et introduit la confusion dans mes souvenirs. Cette confusion existait en moi avant même que je subisse la brutalité du traitement à Sainte-Anne.

Je n'ai rien oublié ou si peu. Seule s'est amoindrie l'intensité de cette douleur dont j'ai éprouvé plus de deux ans la morsure répétée. Il en est de même pour les sensations thermiques. On a beau les avoir ressenties dans sa propre chair, on a du mal à en restituer après coup le tranchant. J'ai eu très chaud ou très froid, soit. Mes doigts ont subi les engelures. Mes chevilles ont enflé dans la fournaise. Soit ! Mais, c'était comment, la froidure ou la canicule ? Je ne parviens pas à retrouver l'intensité du moment. Pourrions-nous continuer à vivre si notre mémoire devait charrier toutes nos souffrances à l'état sauvage ? Nos cauchemaars seuls s'en font l'écho.

Mourir de ne pas mourir, ultime volupté, nadir de la souffrance. La hache au bord de la blessure, écrivait Eluard.

Tout cela a dû exister entre 1944 et 1946. Je ne sais plus pourquoi. Je ne sais plus comment. J'ignore surtout dans quel ordre puisqu'il n'y avait plus d'ordre. J'ai l'impression d'avoir alors évolué sous cette lumière alternative dont il est aujourd'hui à la mode d'éclairer les pistes de danse des boîtes de nuit. Elle donne à chaque silhouette le rythme saccadé de la transe africaine.

J'ai dû exposer deux ou trois fois, ces années-là. On aurait dit que tous ces morts dont les cadavres amoncelés en pyramide auraient pu toucher le ciel, que tous ces pauvres morts, chacun unique, s'étaient sacrifiés pour le bon plaisir de leurs survivants. Les exilés rentraient. Les galeries rouvraient. Chaque artiste se devait d'exhiber ses dernières créations pour prévenir qu'il était encore en vie.

Je savais que ce n'était pas mes peintures qu'on viendrait voir chez Jeanne Bucher, boulevard Montparnasse. On ne se soucierait même plus de repérer l'écrasante influence du maître sur l'élève. L'accrochage est sans importance. L'événement n'a pas lieu sur les murs. Le spectacle se situe ailleurs. Je suis le spectacle. Non plus cette effigie que le génie de Picasso livrait à l'adoration des esthètes du monde entier, mais une face de douleurs sur laquelle il faudra bientôt essuyer les crachats.

Ils sont tous venus. Une aubaine ! Il se passe enfin quelque chose sur la rive gauche. Relégué aux oubliettes, ce long silence à peine troué par les sirènes et les éclats d'obus. Accourez tous. Vous pourrez en faire le récit à vos petits-enfants. Quel événement ! Picasso est toujours le deus ex machina. Il n'a pas perdu la main. Et regardez Dora, Dora Maar, autrefois plus fière qu'une Espagnole. Il l'a massacrée, trompée. Il la quittera demain. Déjà son visage porte les stigmates de l'abandon. Déjà elle ne s'habille plus qu'en noir.

Ô stupeur ! Chez Jeanne Bucher, elle a osé venir. Elle. Tout juste vingt ans et le culot de me défier sur mes terres. Foin des jupes plissées, l'écolière s'est pour l'occasion mise en frais. Plus bariolée qu'un colibri, elle se fraye un chemin dans la cohue. Elle le cherche. Elle sait qu'il va venir. Elle est sur sa trace depuis des mois. Elle l'a trouvé au Catalan. Depuis, elle n'a pas dû cesser de le poursuivre, et sans doute Sabartès n'a-t-il pas su la chasser du lit des Grands-Augustins. Elle a aujourd'hui forcé sur la couleur pour qu'il puisse la repérer parmi la foule.

Il arrive. Suivi de sa camarilla, il se dirige vers moi. On dirait qu'à Versailles, le roi rend un dernier hommage à la favorite qu'il souhaite congédier. Les courtisans reculent d'un pas pour livrer le passage à sa majesté. De nombreux pieds sont écrasés dans la bousculade.

La partie se joue pourtant à trois. Je vois le colibri, soudain effrayé, qui secoue ses jeunes plumes en désordre et s'envole. Alors Picasso plante là tout le monde et se précipite dans l'escalier à la poursuite de l'oiseau capricieux. Je l'entends même l'appeler avec insistance, mêlant à sa manière les menaces à la supplique. Il revient après quelques minutes, le regard buté, le front plissé des mauvais jours. Il sait pourtant qu'il finira par piéger le colibri trop acharné à se perdre.

J'entre aux Grands-Augustins, sans sonner, sans prévenir. C'est ma manière du moment, l'effraction. Je ne trouve aucun visiteur, aucun badaud, pas la moindre femme à l'horizon. Ni jupe plissée, ni colibri. Si j'osais aller jusqu'à la chambre, je la découvrirais sans doute vide. Il n'y a que Paul qui écrit dans un cahier ouvert sur ses genoux et Picasso debout qui dessine. Ils n'ont pas bougé à mon arrivée. Ils m'ont simplement dit bonjour d'une voix trop douce qui ne leur ressemble pas. Je présume qu'ils redoutent de ma part une nouvelle folie et je tiens à leur donner raison. Je me dirige vers eux, les deux personnes au monde que j'aime le plus, et je leur débite mon compliment : « C'est un motif pressant qui m'oblige à cette visite, et ce que j'ai à vous dire ne veut point du tout de retardement. »

Ils sont interloqués par le style qui n'est bien sûr pas le mien, mais que ni l'un ni l'autre n'a pour l'instant reconnu. Alors je m'enflamme un peu plus et livre la clé de mon personnage : « Done Elvire, ça vous dit quelque chose ? » Ils ne bronchent toujours pas, alors je m'exaspère et reprends mon discours.

Avant d'enchaîner avec les mots que Molière a placés dans la bouche de la très pure Elvire, j'envoie aux deux compères quelques récriminations de mon cru. Je leur reproche de se prétendre les sauveurs du monde — artistes et communistes, étrange martingale ! — et d'en profiter pour écraser impunément leurs proches. Paul qui n'en peut mais fait un pas vers moi dans l'espoir de me calmer. Il prend alors de plein fouet le paquet suivant. J'en viens à régler avec lui des comptes qui ne me concernent en rien. J'évoque l'attente à laquelle il soumet Nush quand il monte avec une prostituée. Ne lui demande-t-il pas de se poster à la terrasse du bistrot d'en face ? Il ne répond pas et, comme Pablo veut me faire taire, je continue avec ce qui me tient à cœur. J'englobe dans la même réprobation les jupes plissées, les colibris, les dommages infligés à mon image et à moi-même, les tromperies et les mensonges. Et surtout l'indifférence de Picasso en matière de religion. Car c'est à son âme que ce discours s'adresse. Je suis en croisade aux Grands-Augustins. Je veux susciter chez les deux pécheurs une contrition et les amener à changer de vie. C'est Elvire en terre de mission :

« Je vous ai aimé avec une tendresse extrême, rien au monde ne m'a été si cher que vous ; j'ai oublié mon devoir pour vous, j'ai fait toutes choses pour vous ; et toute la récompense que je vous en demande, c'est de corriger votre vie, et de prévenir votre perte. Sauvez-vous, je vous prie, ou pour l'amour de vous, ou pour l'amour de moi. »

Je le connais par cœur le rôle d'Elvire. Pour un peu, j'en viendrais à dire que Molière l'a écrit pour moi. Adolescente à Buenos Aires, je m'en étais emparée. Je me produisais dans une troupe d'amateurs à l'Alliance française et déjà j'aimais inciter Dom Juan à se repentir.

Depuis ta mort, mon amour, il m'arrive même d'imaginer que mes anciennes remontrances ne furent pas sans effet.

Il était une fois une bague. Un superbe cabochon de rubis monté sur or. Sang et feu. Picasso avait corrigé : sang à peine séché, comme celui de Dora sur les gants du premier jour. Ladite bague appartenait à mon amie Lise Deharme. Je m'étais entichée de ce bijou au point que Picasso avait proposé à Lise de lui offrir un tableau en échange de la bague. Tope là ! Lise eut son tableau et Picasso me mit la bague au doigt.

Des années plus tard, nous nous promenions sur le Pont-Neuf. Je ne sais plus pour quelle raison nous étions en train de nous disputer. Je me rappelle seulement que le désaccord devait être profond. Picasso m'avait obligée d'abord à ralentir le pas, ensuite à m'arrêter. Sans doute regrettait-il de ne pouvoir me contraindre à courber l'échine et à m'enfoncer les pieds dans le sol. Il ne supportait pas que je fusse plus grande que lui, et, ce jour-là, mes talons hauts exagéraient la différence de taille. Fatiguée par notre querelle, je plongeai ma tête dans mes mains. Quand il vit le rubis étinceler à mon doigt, il se rappela le troc avec Lise. Par ma faute, n'avait-il pas dû se dessaisir d'une belle aquarelle, en échange d'un misérable caillou rouge ? Vous avez préféré, disait-il, l'obscur travail du temps à la fulgurance de ma touche, la valeur d'un bijou au caractère unique d'une œuvre. Non seulement vous n'aimez en moi ni l'homme ni le créateur, mais vous êtes une femme intéressée. Un caillou rouge, pour peu qu'il coûte une fortune, vaudra toujours mieux pour vous qu'une œuvre signée de moi.

Le réquisitoire me semblait si peu justifié que je ne trouvai rien à répondre. Mes gestes se mirent alors à s'enchaîner sans que j'eusse le sentiment d'y être pour quelque chose. Je m'étais absentée de moi-même. En silence, je fis glisser la bague de mon doigt. Il me fallut pourtant mobiliser toutes mes forces car l'anneau était très serré. Je réussis enfin à l'enlever. Je n'eus aucun regard pour elle, aucun regard pour celui qui me l'avait offerte. D'un geste, je jetai par-dessus bord le beau rubis, sang de femme séché. Je ne le vis pas disparaître dans les flots.

Que s'est-il passé ensuite ? Que pouvait-il se passer ? Le noir, dans ma tête. Sans doute as-tu crié que j'étais folle. Tu n'avais pas tort. Plus tard, tu diras à Paul qui te reprochait ton attitude à mon égard : « Oh, Dora, elle était folle, bien avant de devenir folle ! » Tu ne voulais pourtant pas admettre que, si folle elle était, c'était avant tout folle de toi. Tu as peur de la folie comme tu as peur de la mort. Comment n'aurait-on pas peur en effet de l'une et de l'autre ? Alors tu estimais que ma folie ne te concernait en rien. Elle avait commencé bien avant toi. Elle était le fruit des influences conjuguées de Georges Bataille et de mes amis surréalistes. Quant à Picasso ? Picasso était étranger à l'affaire. Picasso avait en revanche appris à Dora tout ce qui pouvait l'aider à pallier ses déficiences biologiques aggravées par toutes sortes de dérèglements et de mauvaises fréquentations.

Des semaines après le sacrifice de la bague, j'ai appris qu'on avait curé la Seine à la hauteur du Pont-Neuf. On se livrait à la fin de la guerre au grand nettoyage du fleuve et il se trouve qu'on avait commencé par cette partie-là. Je suis aussitôt allée à la Samaritaine pour y acheter une pelle et j'ai tenté de retourner les boues puantes qui croupissaient sur la berge dans l'espoir de retrouver mon rubis. Il eût été à peine plus commode d'acheter une épuisette pour capturer le temps qui passe.

Et nos amours
Faut-il qu'il m'en souvienne

J'éprouvais cependant une sorte de délectation à brasser ces ordures avec mes mains. Ces mains que Picasso avait aimées et peintes, ces mêmes mains pour lesquelles il avait créé des bijoux uniques, si je ne les plongeais pas de nouveau dans la merde, c'est qu'on m'avait fait fuir comme on chasse une mendiante.

Nush m'avait téléphoné ce matin-là. Nous avions parlé longtemps et je ne lui avais pas caché mon accablement. Il m'arrivait de lui confier ce que je me taisais. Elle me disait aussi combien Paul lui manquait. Il était parti voir Lachenal, son éditeur genevois, pour lequel il dirigeait une collection. Il se trouvait à présent dans le Valais où il comptait travailler encore quelques semaines dans la solitude de l'hôtel Mirabeau de Montana. Il venait de lui écrire qu'il était découragé. La guerre à peine finie, la toute jeune IVe République se jetait déjà dans les marchandages et les tractations. Lui-même en avait assez d'être Paul Eluard, un poète qu'on achète pour sa signature et qu'on ne lit pas. Il se cherchait un autre pseudonyme afin de recommencer une autre vie poétique. Elle me lisait les vers rimés qu'il avait inclus dans sa lettre. La voix de Nush tremblait un peu au bout du fil :

Doux avenir, cet œil crevé c'est moi.
Ce ventre ouvert et ces nerfs en lambeaux
C'est moi, sujet des vers et des corbeaux,
Fils du néant comme on est fils de roi.

Il croit s'être inspiré de Villon, avait-elle précisé. Moi, c'est à Baudelaire que je pensais l'écoutant lire ces vers. Mais c'est absurde. Ces mots sont ceux de Paul Eluard et de lui seul. Il peut bien changer de nom, il restera Paul Eluard. Nush m'a alors dit qu'elle devait me quitter pour soigner sa belle-mère qui avait une forte fièvre, mais qu'elle tenait à me voir. Nous sommes convenues de nous retrouver à mon atelier en début d'après-midi et de déjeuner ensemble sur un coin de table.

Quand j'ai entendu la sonnette quelques heures après, je suis allée ouvrir, sûre de trouver sur le palier ma belle Nush. Picasso était là, son éternelle canadienne jetée à la hâte sur ses épaules, la mine soucieuse. Il est entré sans un mot et je me suis mise à parler pour parler :

— Il y a longtemps que tu ne m'as pas fait ce genre de surprise !

— Je suis inquiet pour Nush, a-t-il seulement répondu, l'air accablé.

— J'ai cru que c'était elle, lorsque tu as sonné. Je l'attendais.

— Ça m'étonnait aussi de te voir sourire. Je comprends mieux. Le sourire ne m'était pas destiné, n'est-ce pas ?

Son évidente inquiétude ne l'empêchait pas de planter une dernière banderille. Il ajouta qu'on venait de l'appeler aux Augustins pour lui dire que Nush était souffrante. Elle s'était évanouie d'un coup et elle se trouvait depuis plongée dans le coma. Le médecin de famille des Grindel était à son chevet et tentait de la réanimer.

Nous sommes aussitôt allés envoyer un télégramme à Paul, lui demandant de rentrer d'urgence, Nush étant malade. Une heure après, nous apprenions qu'elle était morte sans avoir repris connaissance. Hébétée, je me suis contentée de répéter de plus en plus mécaniquement que ce n'était pas possible. Ce n'était pas possible.

Nous sommes retournés aux Grands-Augustins. Un monde fou faisait antichambre, attendant le retour de Picasso. Toutes les langues se mêlaient. Je me souviens d'une cohue qui prononçait des mots incompréhensibles. Aux acheteurs américains, s'ajoutaient d'autres individus que je ne songeais pas à identifier. Hollandais, Finlandais, Suédois ? Ils battaient tous la semelle comme dans une salle d'attente de troisième classe. L'impatience sans doute car il ne faisait pas froid. Ils se sont tus à l'arrivée du maître. Il a foncé dans le tas sans saluer personne. Ses lèvres se sont à peine desserrées quand il a dit qu'elle était morte. Il a ajouté dans la direction de Brassaï, occupé à photographier une tête de bronze : « Nous l'aimions tellement, nous l'aimions tellement... Nush n'est plus ! »

Lorsque Paul est arrivé, il a refusé de croire en sa mort. Il a pris le corps de Nush dans ses bras pour montrer au médecin que les membres de sa belle gardaient toute leur souplesse. Il fallait être patient. Elle allait se réveiller, c'était certain. Ne suffisait-il pas de l'aider à revenir parmi nous ? Il l'embrassait dans le cou, sur la nuque. Il assurait qu'elle était chaude et même fiévreuse. Le médecin a dû trancher les veines du poignet avec un rasoir afin de mettre en évidence l'épouvantable vérité. Morte. Le sang de Nush ne coulait plus. La bouche de Paul se tut.

Plus tard, il écrira :

Mon amour est de plus en plus concret il est en terre
Et non ailleurs j'imagine son odeur
Mon amour mon petit ma couronne d'odeurs
Tu n'avais rien de rien à faire avec la mort
Ton crâne n'avait pas connu la nuit des temps.

J'écris aujourd'hui ces mots que je connais par cœur. Paul Eluard a maintenant rejoint Nush dans la mort. Je sais qu'il ne croyait pas à une seconde chance, encore moins à un ailleurs. De nous quatre, je suis la seule survivante. La seule. N'était-ce pas le nom que je me donnais dans mon enfance ? Et toi, mon amour, tu es mort cette année. Je n'en finis pas de répéter à ton propos les mots écrits pour Nush :

> Mon amour mon petit ma couronne d'odeurs
> Tu n'avais rien de rien à faire avec la mort...

Déjà l'écolière était dans ta vie, mais tu me téléphonais encore pour me demander de venir déjeuner avec toi au Catalan. Tu ne disais rien de ce qui aurait pu donner un coup d'arrêt à nos rapports. La nuit cependant, nous avions cessé de la partager. L'incertitude me rongeait autant que l'amour. Un soir n'y tenant plus, je me suis rendue aux Grands-Augustins sans y avoir été conviée et sans peser les conséquences de mon initiative. Il me semblait que je risquais davantage à vivre dans ta proximité, à peine une centaine de mètres entre nous, qu'à me livrer à ce genre d'intrusion. Nos deux maisons n'avaient-elles pas communiqué pendant des années et des années ? Nos deux corps ne s'étaient-ils pas mêlés ? Nos bouches n'avaient-elles pas respiré ensemble ? Nos mains ne donnaient-elles pas vie à des Picamaars ? nos imaginations à des jeux et à des œuvres ? N'y avait-il pas Picasso et Dora ? et ton mufle de Minotaure qui me dévorait goulûment ? Je n'étais pas *La femme qui pleure* à ces moments-là. S'il arrivait à mes larmes de couler, c'était le plaisir que tu me donnais qui les faisait venir.

La nuit était tombée depuis longtemps et je trouvai fermée la porte des Grands-Augustins. Je voyais de la lumière au deuxième étage. Inès qui m'avait entendue frapper parut surprise, bouleversée même. Elle me parlait d'une voix très douce, à peine audible. Je me demandais si elle craignait de réveiller son fils — ne devait-il pas dormir à cette heure ? — ou si le spectacle que j'offrais la troublait à ce point. Oh ! madame, disait-elle, vous arrivez tard. Comment dire ? Il n'y a plus personne ici.

Elle était belle dans sa longue chemise à fleurs de fille du Sud. La maternité l'avait encore épanouie. Je ne pouvais pas la rencontrer sans penser à l'hôtel Vaste-Horizon où nous l'avions connue, où nous nous étions connus. Il y avait toujours eu, entre elle et moi, une complicité qui s'exprimait par des regards, des sourires, par cette espèce de charme que l'une exerçait sur l'autre, et l'autre sur l'une.

Inès me fixait à présent, l'air effrayé. J'aurais pu arrêter son supplice en ne la forçant pas à me dire ce qui risquait de me détruire. J'insistai pourtant. N'y avait-il pas de la lumière, là-haut ? Je l'avais vue en traversant la cour, j'en étais sûre. Vous avez raison, concéda-t-elle. Je n'ai pas encore fait la fermeture des lumières. Elle prétendait être en retard dans son travail, mais elle était en chemise et elle avait les pieds nus.

Je suis certaine qu'il se trouve ici, Inès. Vous avez beau dire, j'en suis certaine. A la tristesse de ses yeux, un regard fait pour pétiller, je compris que j'étais perdue. Elle ne voulait pas me confirmer la vérité et elle répétait « je vous en prie ». Je crois qu'elle m'appelait même par mon prénom comme lorsque nous nagions ensemble à Mougins. Cette maison n'était plus la mienne, une autre l'habitait. Inès était la gardienne d'autres amours qu'elle ne pouvait me révéler.

J'ai dû encore insister. Il est avec elle, n'est-ce pas ? Je connaissais le nom de ma rivale. Je m'interdisais de le prononcer. Pourquoi n'ai-je pas tu aussi mon désespoir ? Vous pouvez bien me le dire, Inès, qu'ils sont ensemble. Vous ne m'apprendrez rien. Je sais tout, vous entendez ?

Dans mon agitation, mon chignon s'est défait. Inès s'est alors approchée, et, me prenant par les épaules, elle m'a doucement caressé les cheveux. Elle m'a demandé, en espagnol, si je voulais qu'elle me raccompagne chez moi. Je l'ai remerciée. Tout allait bien. Elle a traversé avec moi la cour, comme pour m'empêcher de lever encore la tête vers la lumière. Elle n'avait pas eu le temps de se chausser et elle posait ses pieds nus sur les pavés. Je lui ai dit qu'elle allait prendre froid. Nous nous sommes embrassées sur le trottoir des Augustins. Je suis repartie seule.

Tu es entré au Flore et je n'ai vu que toi. Tu semblais heureux que le hasard nous ait mis en présence. Ton absence avait duré longtemps. Tu t'es dirigé vers moi. C'est alors que je l'ai vue. Tu semblais la tenir par la main comme une enfant pour la contraindre à te suivre et l'amener de force à me rencontrer.

J'eus droit aux présentations officielles. C'était plus que je n'en pouvais supporter. Et toi, tu pavoisais. Je pensais autrefois que la punition de

Dom Juan aurait été qu'il se trouvât enfin confronté à la terrible assemblée de ces femmes que, sa vie durant, il avait aimées, puis oubliées. A te voir avec nous deux, tu ne semblais pas le plus gêné. Tu jubilais même et, sans la moindre retenue, tu désignais à mon admiration celle que tu appelais ta découverte. Elle est extraordinaire, n'est-ce pas ? Tu t'asseyais même sur la banquette à côté de moi et tu la faisais s'asseoir face à nous. Pour un peu, tu lui aurais demandé de me réciter son compliment. J'étais soudain dans la position de la tante, ou de la mère, à qui on présente sa dernière conquête. Au marché aux chevaux, tu lui aurais retroussé les naseaux pour montrer l'état parfait de ses gencives et de sa denture. Sa bouche devait être saine, on pouvait en juger par le reste de sa personne.

J'éprouvais à son égard une sorte de compassion. Elle était si jeune. Vingt ans sans doute et elle en paraissait dix-sept. Je me doutais bien qu'elle n'était pas une de ces jeunes vierges qu'ailleurs on sacrifiait à l'Inca. Ma rivale était l'architecte de son destin. Son front, son regard, son menton avaient quelque chose d'inflexible. Elle marchait les yeux ouverts, et, malgré sa fraîcheur d'adolescente, on sentait que le muscle serait chez elle plus fort que les sens, l'intelligence plus exigeante que la sensualité. Cette enfant qui avait rougi en croisant mon regard nous tenait tête à présent avec un surprenant sang-froid. Elle serait à la hauteur de la situation. C'était son examen de passage.

Elle le voulait, son vieux monsieur. N'avait-il pas le génie et la célébrité, un demi-siècle de plus qu'elle et la fortune ? Le Minotaure la dévorerait d'abord avec gourmandise, pour la vomir ensuite, à l'heure de la gueule de bois. A quoi ça servirait de lui dire, à la jeune écolière, qu'elle n'était pas la première, qu'elle ne serait pas la dernière ? Nous voulons toutes un petit morceau de Picasso, mais l'animal est coriace. Les petites quenottes s'y brisent.

Comme je me levais pour partir, il m'a arrêtée.

— Où allez-vous ?

— Chez moi.

— Nous serons chez vous dans une heure.

— Pourquoi ?

— Il faut que je vous parle. Et cette enfant aimerait voir vos tableaux et aussi les miens.

Il avait le ton du propriétaire et je ne pouvais pas résister à tant de délicatesse. Je m'autorisai de cette visite domiciliaire pour m'en aller. N'avais-je pas à ranger la maison avant la visite du maître ?

Rue de Savoie, il lui a montré sur les murs les insectes qu'il avait dessinés pour moi. J'ai pensé alors qu'il en viendrait peut-être à tatouer sur sa jolie peau blanche, tendue et opaque, de semblables bestioles. Elles lui suceraient le sang, la moelle et la lymphe. Il me demandait de lui faire voir mes dernières natures mortes. Le mot de nature morte, que j'avais toujours rejeté, me parut soudain justifié. Mon œuvre ne serait plus désormais qu'une nature morte.

La visiteuse s'extasiait comme il se doit. Nous étions entre gens de bonne compagnie. Mais Picasso ne nous avait pas réunis pour le plaisir d'échanger des propos convenus. Il fallait corser l'affaire. N'avait-il pas choisi son moment ? Plus personne n'était en mesure de l'arrêter.

« Voilà, a-t-il dit, je veux que tout soit clair entre nous. Cette enfant a trop de scrupules. Elle s'imagine avoir une part de responsabilité dans notre rupture, elle hésite à venir vivre avec moi parce qu'elle a peur de prendre votre place. Je lui ai affirmé que tout était fini entre nous, et je veux que vous le lui disiez aussi, pour qu'elle le croie. »

C'est ainsi qu'il me signifia mon congé. Il eut cependant la délicatesse de ne pas m'envoyer les huissiers afin de saisir les tableaux qu'il m'avait offerts. Il dira plus tard qu'avec personne il n'avait été aussi généreux qu'avec moi. Dora ? Elle pourrait vivre plusieurs vies sans rien faire avec tout ce que je lui ai donné. Ce n'est pas faux, mon amour. Mais vois-tu, je préfère ne rien vendre et me contenter d'une seule vie, celle qui m'a permis de t'aimer.

La déclaration de Picasso était assez péremptoire pour m'enlever toute volonté de me défendre. Je n'avais plus qu'à approuver. Mieux, j'en rajoutai. Tout était bien sûr fini entre nous. Et depuis longtemps. L'affaire était entendue.

Comment avait-il pris le risque de me jeter tout cela en pleine figure devant elle ? Ne savait-il pas dans quel état de délabrement je me trouvais ? Il aurait pu craindre ma réaction. Décidément, on ne pouvait faire confiance qu'aux folles ! Ce jour-là, je jouai mon rôle à la perfection. L'écolière pouvait avoir l'esprit tranquille. Elle vivrait son amour aux Grands-Augustins sans se sentir coupable.

Au moment où les deux tourtereaux allaient partir roucouler de concert, la folle ne put s'empêcher d'ajouter que M. Picasso s'ennuierait très vite avec une pauvre fille dont l'ambition était le seul talent. Quant à l'amour ? M. Picasso n'avait jamais aimé personne et il était un peu vieux pour commencer. C'est ainsi que je formulai ma bénédiction nuptiale. On aurait dit que tous les insectes sur les murs commençaient à s'agiter. Bientôt ils grouilleraient par centaines. M. Picasso partit comme il était venu, en traînant derrière lui sa jeune épousée.

En ce temps-là, j'ai fait nombre d'excentricités dont je n'ai pas gardé le souvenir. Paul me raconta celles dont il avait été le témoin. Il pensait que, loin d'en avoir honte, je devais les faire miennes pour hâter la cicatrisation.

Dans l'effroyable douleur de son deuil, il avait un jour cherché à me voir. Mon téléphone ne répondait pas, il s'était inquiété. Quand il est arrivé rue de Savoie — était-ce le jour ? était-ce la nuit ? —, il m'a trouvée nue dans l'escalier de l'immeuble. J'étais à demi assoupie. Il s'est assis à côté de moi et il a voulu me poser sa veste sur les épaules. J'ai refusé la veste mais j'ai accepté son bras autour de mes épaules. Il m'a dit qu'il voulait m'épouser. Il m'a dit que j'avais perdu Picasso comme lui avait perdu Nush, et, puisqu'il fallait vivre sans eux, pourquoi pas ensemble ?

J'ai dû rire comme une démente. Peut-être me suis-je contentée de grimacer. C'était la réponse de la folle au prince de la vie. Il m'a dit que j'avais raison de réserver ma réponse. Il fallait que je me soigne d'abord, nous en reparlerions ensuite.

C'est à ce moment-là que, venant de l'étage supérieur, une dizaine de personnes a dévalé l'escalier, joueur d'harmonica en tête. D'autres les attendaient dans la cour, nous entendions leurs appels. C'était une noce. Ces gens-là devaient être mes voisins et je ne les reconnaissais pas. Nue et assise sur les marches, je les regardais. Immobile. Paul tenta de nouveau de me jeter sur les épaules sa veste, et, encore une fois, je la refusai. Il me contraignit alors à me blottir contre lui pour dérober aux regards ma nudité. La vague descendante et chantante a fait entendre en me voyant de ces petits cris, à peine effarouchés, qu'on émet dans le train fantôme d'une fête foraine. L'un des garçons d'honneur s'est même écrié : « La folle du jour dispense du bonheur pour toujours ! » J'ai pris le dicton inconnu pour un de ces aphorismes surréalistes qui m'amusaient tant naguère, du genre : « Il faut battre sa mère quand il en est encore temps ! » Me dégageant des bras de Paul, j'ai ri. La jeune mariée a voulu s'approcher de moi, et, craignant qu'elle m'enveloppe dans son voile, comme le chasseur jette ses rets sur la bête, j'ai poussé un hurlement et j'ai enfoui ma tête dans les bras de Paul. Qui donc aurait pu me remarquer, moi et ma nudité ? Personne. Aveugle aux autres, je me croyais invisible à tous.

Longtemps j'ai cru avoir été dénoncée par l'un des noceurs. Lorsque je me suis réveillée à Sainte-Anne, j'ai pensé, c'est la noce qui n'a pas manqué de signaler à la police mes excentricités. Je me croyais victime de ce système de délation dont les années d'occupation avaient permis l'apparition et le perfectionnement. Dans mon esprit malade, la noce devenait une entité accusatrice que je chargeais à mon tour de tous les maux. En effet, je préférais croire que des voisins avaient alerté contre moi les autorités, plutôt que d'imaginer ceux qui m'aimaient ou qui m'avaient aimée — mon père, Picasso, Paul ? —, me condamner à une réclusion que j'estimais infamante. Ils n'avaient rien à voir à l'affaire. J'en aurais mis ma tête à électrocuter, c'était la faute à la noce.

L'Enfer pour moi est glacé. Je n'arriverai décidément jamais à me glisser dans le moule du conformisme. Jusqu'aux dogmes qui fondent aujourd'hui ma croyance et que je me suis appropriés de la main gauche. L'hôpital psychiatrique de Sainte-Anne m'a laissé un souvenir de froid. Je ne me rappelle plus la saison. Eté, hiver, qu'importe. Le froid était en moi et les décharges électriques qui me zébraient comme un ciel d'orage au-dessus de l'Olympe ne parvenaient à dégeler ni ma tête ni mon corps. Si quelqu'un entrant dans ma chambre — infirmière ou visiteur — tentait d'ouvrir la fenêtre, je ne manquais pas de m'écrier, la tête cachée sous la camisole ou le drap : « Non, pas la fenêtre ! J'ai trop froid ! »

C'était un froid des premiers âges. Un froid archaïque. C'était l'extinction de tous les sens, quand les organes seuls poursuivent au fond de la grotte leur obsédant tam-tam. Il n'y a rien d'autre que ce battement interne. Gisante dans une cathédrale de froid, j'ai connu, immobile, tant et tant de banquises que leur souvenir me hantera toute ma vie. A Ménerbes, en pleine canicule, il m'arrive de m'éveiller la nuit, tremblante de froid.

Enfant, je savais déjà qu'il n'y a pas de différence entre le grand froid et le grand chaud. Mes parents m'avaient fait découvrir l'archipel de la Terre de Feu. Nous avions été tous les trois isolés par les neiges, quatre jours et quatre nuits, dans un abri au toit de bardeaux. Ce voyage en Terre de Feu m'amena à lire avec passion l'œuvre de Jack London et de ses amis Croc-Blanc, Buck, sur les pistes de l'Alaska.

Picasso, qui n'a jamais rien voulu comprendre à ma maladie, l'imputera à l'influence pernicieuse qu'auraient exercée sur moi les surréalistes et Georges Bataille. Il dira à Paul : « Regarde où ça l'a menée vos histoires de dérèglements de tous les sens ! » O Pablo, comment aurais-tu pu percevoir ma douleur, toi qui n'as jamais eu froid ? Tu te souviens, n'est-ce pas, de ton refrain de guerre : « Un Espagnol n'a jamais froid ! » La dénégation te permettait, tel un bon coup de gnôle, d'accélérer le processus du réchauffement. Il y a pire que le dérèglement de tous les sens que tu mettais sur le compte de Bataille et des surréalistes, il y a le sommeil de tous les sens. Silence, glace et transparence. Et, au milieu de tout ce blanc, les grands giclements rouges d'une peau retournée comme celle d'un lapin.

Rappelle-toi pourtant que la souffrance ne t'a pas toujours épargné et que tu étais le plus irascible des malades du temps de ta sciatique. Après des mois et des mois d'une quasi-impotence, un médecin a réussi à te guérir définitivement en t'envoyant, à la racine du nez, toute une série de décharges électriques. J'ai pensé à toi, quand ce fut mon tour d'être secouée comme une démente.

Les électrodes étaient sur mes tempes, et il ne s'agissait pas d'un gentil chatouillis, mais d'une longue suite de commotions épileptiques. A fond la caisse ! C'était plus proche de la vraie mort que de la petite mort. A cette époque-là, les électrochocs étaient envoyés sans anesthésie et sans dosage précis. On vous glissait au dernier moment un tampon entre les mâchoires pour éviter que vos dents ne se brisent les unes contre les autres et que vous avaliez votre langue. Vous souvenez-vous, mon amour, que vous me fîtes, dans nombre de *Femme qui pleure* et dans *Guernica*, une langue en forme de poinçon ? N'aviez-vous pas déjà subodoré mon avenir médical ?

La première fois, je n'ai rien vu venir et on ne m'a prévenue de rien. Tôt le matin, je suppose qu'il devait être tôt, une petite équipe, trois personnes, je crois, a fait irruption dans ma chambre. Ils poussaient devant eux un objet qui tenait à la fois de la malle-cabine et du meuble sur roulettes. L'engin se mit à développer toutes sortes de pseudopodes qui venaient se coller à mon crâne, se fixer contre mes tempes, s'enrouler autour de mon bras gauche. Quelle prière barbare allait-on me faire prononcer contre ma volonté ? Les étranges phylactères adhéraient à ma peau. On aurait dit qu'un animal marin voulait m'envelopper de ses tentacules vésiculeux. Je pensai aux monstres que j'avais fait entrer de force dans mes photos. Je pensai à Lautréamont. Je ne pensai plus à rien. Son étreinte m'avait foudroyée.

C'était l'Hispano et Marcel était au volant. Nous étions partis de Mougins ou peut-être d'Antibes. Tu avais enfin accepté, cette année-là, de voyager. Allons à Florence manger du chef-d'œuvre, avais-tu dit en prenant la pose de l'Artiste peintre. Tout alla bien jusqu'à la frontière. Ensuite tu as demandé à Marcel de conduire plus vite malgré les lacets de la route. Pas question de s'arrêter pour contempler le paysage. Tu affirmais ne vouloir saliver que devant un minestrone de chefs-d'œuvre. Toi, Dora, comment l'assaisonneras-tu, ta soupe ? Raphaël, Michel-Ange, Léonard et Cie ? Tu oublies Masaccio. Comment peux-tu oublier Masaccio, mon amour ?

A Turin, il a fait remarquer que c'était là que Nietzsche était devenu fou. Et, sans me consulter, il a ajouté : « Ça suffit comme ça, on rentre ! » Je n'ai jamais vu Florence et lui non plus. On ne pourra pas dire que j'ai été victime du syndrome de Stendhal et que le surcroît de beauté toscane me terrassa.

Sur la route du retour, il a pourtant tenté de s'expliquer. Tous ces gens-là, comprends-tu, ces Léonard, Raphaël et tutti quanti, je ne peux pas aller les voir les mains vides. Quand Dürer et Raphaël correspondaient, ils échangeaient leurs autoportraits. Ce qui me plairait, ce serait de faire entrer au Louvre quelques-unes de mes œuvres et de les accrocher un temps entre Léonard et Titien, entre Watteau et Delacroix, entre Goya et Manet, ou ailleurs. Je ne peux pas déambuler devant eux comme un touriste, Dora. Je fais partie de la famille. Il se peut même que j'en devienne le chef.

Il y avait eu des alertes avant ma réclusion. J'avais le sentiment que tout se détachait de moi, l'homme que j'aimais, les animaux et jusqu'aux objets... C'est à ce moment-là que j'ai perdu mon vélo. J'étais persuadée qu'on me l'avait volé. Je l'ai cherché partout. Sur les berges de la Seine, à l'endroit même où j'avais fouillé la vase pour retrouver ma bague, un policier est venu vers moi. Je lui ai parlé de mon vélo égaré et il n'a pas cru au vol. Il m'a proposé de me raccompagner chez moi et j'ai accepté.

Quelques mois auparavant, mon chien avait disparu et Picasso m'avait offert une toute petite chatte pour me consoler. Je l'avais appelée Moumoune. Mais une chatte ne remplace pas un chien, ni un amour un autre amour. Chaque être est unique.

A présent, j'ai l'impression que ce sont mes membres qui sont en train de me quitter. Je me réveille la nuit et je les cherche, épars, aux quatre coins du lit. Il faudrait qu'à Sainte-Anne, on me langeât comme on le faisait autrefois avec les nouveau-nés. Mes bras et mes jambes seraient ainsi maintenus serrés à l'intérieur du cocon. Si par malheur ils venaient à glisser de ma couche, le service de nettoyage ne manquerait pas de les envoyer à la décharge publique sans même penser à mal. C'est à l'équipe soignante qu'il revient d'assurer l'intégrité de ma personne.

Je me souviens de cette photo. Un homme torturé. La scène se passait en Chine. C'est Georges Bataille qui me l'avait montrée. Elle lui avait été donnée par son analyste, Adrien Borel, quand il était allé le voir pour sa première séance. Le Chinois de la photo, m'avait-il expliqué, avait assassiné un prince du sang et l'empereur l'avait condamné à être découpé en cent morceaux. Pas question de mort mais d'un équarrissage à vif. Sur les plateaux de la balance, d'un côté un prince du sang, de l'autre un assassin débité dans son sang. L'idéal aurait été que la mort n'intervînt pas avant la découpe du centième morceau.

La photo montrait le malheureux au cœur même de son supplice. On pouvait deviner que le centième morceau ne lui avait pas encore été extirpé, ni le soixante-dixième, ni peut-être le cinquante-cinquième. On était loin du compte. Le châtiment ne pourrait aller à son terme sans épuiser les forces du moribond, aussi lui avait-on fait de fortes injections d'opium pour l'aider à se maintenir en vie le plus longtemps possible. Faire durer le plaisir, c'était bien là le but. Ses cheveux se dressaient sur sa tête et le sang devait gicler par toutes les ouvertures de son corps. En France, la famille de nos bourreaux, les Sanson, n'avait jamais produit de la si belle ouvrage.

Cependant, et c'est ce qui rendait plus émouvant encore ce Golgotha, il y avait sur le visage de l'homme une douceur étrange. La mort ne s'était pas encore emparée de lui. Il émanait de sa personne, de ce qu'il en restait, une plénitude et une sorte de ravissement. Je me souviens que Georges Bataille avait comparé cet air de béatitude sous la chevelure hirsute à celui de la sainte Thérèse du Bernin, de l'église Sainte-Marie-de-la-Victoire à Rome. La photo lui permettait de faire coïncider l'horreur extrême et l'étreinte sexuelle, les délices opiacées et l'extase divine.

A mon tour, je croyais retrouver dans cette méditation l'origine sacrée des misérables convulsions qui avaient ébranlé ma tête et mes organes. L'électrochoc n'avait-il pas pour fonction de provoquer une crise d'épilepsie ? N'était-il pas comparable à ce haut mal qui faisait vaticiner la Pythie ? Serai-je ravie, en extase comme sainte Thérèse, quand le centième morceau de moi-même m'aura abandonnée ?

Restons à Rome. Les porcs qui doivent être tués aux abattoirs de Rome sont soumis d'abord à un choc électrique. On prend leurs têtes, juste devant les oreilles, entre les branches d'énormes pinces dans lesquelles on envoie un courant électrique. Sans un cri, l'animal tombe à terre où il est pris de convulsions. Ensuite le boucher l'assomme d'un coup de bâton sur la nuque. Les animaux qui n'ont pas été tués continuent à gigoter un moment, puis se relèvent sans qu'en apparence aucun dommage ait été observé.

Les savants en conclurent que la décharge électrique, si elle n'est pas trop forte, ne tue pas. Elle déclenche en revanche des sortes de convulsions épileptiques qu'on utilise aux abattoirs pour abolir la douleur de l'égorgement.

La première méthode d'électrochoc fut présentée à l'Académie de Rome, en 1938, et introduite en France peu de temps après. Pratique et peu coûteuse, elle fut beaucoup utilisée pendant l'Occupation et après la guerre. Sans qu'aucune étude l'ait définitivement démontré, elle paraît convenir aussi bien aux états mélancoliques qu'aux porcs qu'on s'apprête à égorger.

Etait-ce avant, était-ce après ? Je ne sais plus. En tous les cas, la scène ne s'est pas passée à Sainte-Anne, puisque Picasso n'est jamais venu me voir dans cet établissement. Lui à qui il fallait cacher la mort d'un de ses oiseaux — ne devait-on pas sortir à la dérobée le petit cadavre encore tiède afin que le maître ès corridas ne défaillît pas ? —, on s'abstiendrait de le mener en promenade dans un asile psychiatrique. En revanche, il m'avait fait l'honneur de sa visite à mon domicile, rue de Savoie, avant que je ne fusse folle à enfermer.

Il était venu me demander la clé de la maison de Ménerbes. Il souhaitait y passer une partie de l'été. A moins que ça ne dérange tes projets, avait-il ajouté pour la forme. Je savais que sa demande déguisait un ordre. Cette maison, est-ce que je ne la tenais pas de lui ? Ne me l'avait-il pas offerte ? Ne l'avait-il pas payée du meilleur de lui-même ? N'avait-il pas cédé un tableau en contrepartie ?

L'année précédente, nous avions encore passé l'été ensemble, à Antibes. Et maintenant, non seulement il ne se souciait pas de ma compagnie, mais il désirait, dans l'exaltation du moment, échanger ma présence contre celle d'une autre, et cela, dans ma propre maison ou dans ce que je croyais tel. Il avait la mine du gamin qui s'étonne de la bonne farce qu'il se prépare à faire. Rien ne pouvait plus l'arrêter. Et à quoi bon l'arrêter ? Lui qui avait à sa disposition la terre entière, par quel curieux raisonnement en venait-il à choisir la maison de l'ancienne aimée pour abriter ses nouvelles amours ? Inconscience ? Provocation ? Sadisme ? Simple volonté peut-être de s'appuyer sur l'amour de l'une pour mieux séduire l'autre ? Ne me lisait-il pas naguère les lettres d'Olga et celles de Marie-Thérèse ? Peut-être le désir enfantin d'obtenir mon approbation ? Une manière de me dire, n'est-elle pas la plus belle, la plus jeune, la plus fraîche, ma Femme-fleur ? Car je sais qu'elle lui vient au bout du pinceau comme éclot soudain un printemps attendu. Elle est là. Elle s'impose sur toutes ses toiles depuis quelques mois et cette incarnation est un aveu autrement plus fort que sa présence réelle rue des Grands-Augustins.

Je lui ai donné la clé et ils sont partis tous les deux pour Ménerbes. J'apprendrai plus tard que le choix de cette maison avait paru presque aussi incongru à la principale intéressée qu'à moi-même. La Femme-fleur n'avait de cesse que de vouloir en partir. On aurait dit ces enfants que l'on force à porter les vêtements de leur grande sœur.

Le village garda longtemps le souvenir de ce couple insolite. Les habitants furent choqués par leur différence d'âge et par les démonstrations publiques de leur amour. A la proue de sa falaise, Ménerbes n'était pas encore battu par les vagues de touristes. C'était à l'époque un village fermé sur lui-même et sur son passé. Picasso sentait trop fort le soufre et sa Femme-fleur était trop jeune. Plus tard, l'idée que leur premier enfant eût été conçu à Ménerbes fit oublier à chacun ses griefs.

Pour les électrochocs, on ne m'endormait pas et pourtant j'avais du mal à me réveiller. Je me prenais pour un de ces porcs des abattoirs de Rome. J'attendais le coup de gourdin qui viendrait mettre un terme à mon brillant destin. Quoiqu'on m'eût soumise à ces séances de purification électrique sans me demander mon avis, je m'y serais plus volontiers abandonnée si l'on m'avait fait grâce du réveil. Je ne voulais pas revenir de l'autre monde. Puisqu'on me donnait l'occasion de le regarder de plus près, pourquoi ne pas m'y laisser ? Personne ne viendrait leur demander des comptes. Personne n'irait là-bas m'y chercher. Je n'étais pas Eurydice. Je n'avais pas connu Orphée. Et puis ce processus empruntait ses symboles à une autre mythologie. Derrière les porcs des abattoirs de Rome, se dessinait le triptyque chrétien de la semaine sainte : chemin de croix, mort et résurrection. Je consentais à la mort à condition de n'en pas revenir. J'étais la cloche partie pour Rome le Vendredi saint et qui n'acceptait pas de rentrer carillonner, le jour de Pâques, au sommet de son clocher d'origine. La mélancolie ne m'autorisait aucune survie.

Quand je découvris à mon réveil le visage penché au-dessus de moi d'une soignante se croyant obligée d'afficher le sourire de la Pietà, je crus deviner dans son regard les reproches dont m'avait accablée ma mère. Si aucun amour ne m'avait été donné, n'était-ce pas que je me trouvais incapable d'en offrir ? Le dégoût m'enlevait tout désir de vivre. On aurait beau me secouer dans tous les sens et m'envoyer à travers le corps toute la foudre du ciel, on ne parviendrait pas à agencer de manière satisfaisante mon matériel organique déficient. Qu'on le laisse donc reposer dans le bel équilibre d'un sommeil sans fin. J'en venais à souhaiter la prochaine séance dans l'espoir d'y disparaître définitivement.

Quand Jacques Lacan qui n'était pas Orphée, mais qui lui ressemblait, est venu me chercher à

Sainte-Anne pour m'emmener dans une clinique privée où il me soignerait selon d'autres méthodes, je n'ai pas eu la force de protester. Je ressentais pourtant le vague regret de ne pouvoir mener jusqu'à son terme le processus de mon anéantissement.

XIII

Plus rien jamais ne m'arriva. Je veux dire par là que les faits, les événements, et ce qu'on appelle dans les magazines les anecdotes, tout cela n'eut plus guère de prise sur moi. Je n'étais pas morte pour autant, même si je l'avais souhaité. Le « mourir de ne pas mourir » se prononce dans l'ardeur de l'amour ou de la foi, je n'avais plus l'un et je n'avais pas encore l'autre.

Il est vrai que les mots arrachés à moi-même par Jacques Lacan, je les égrenais comme une sorte de prière, mais j'ignorais encore quel dieu je pouvais invoquer. Je n'en avais connu qu'un seul. Il se nommait Picasso et je croyais l'avoir à jamais perdu. J'ai eu un temps le désir de saccager tout ce qui me venait de lui. Brûler tous les souvenirs. Défoncer les lieux saints comme chaque fois qu'une religion en remplace une autre. Est-ce que je ne voulais pas, moi aussi, adresser à d'autres divinités ma prière ? Estropier les statues, défigurer les tableaux ? Détruire le passé et puis sauter du tabouret afin de me balancer au bout d'une corde ? Mais par où commencer le sacrifice ? Tout ce que j'avais me venait de lui. Tout ce que je possédais en propre était plein de lui. Je ne pouvais imaginer un moment ou un lieu sans lui. Tout et tous me parlaient de Picasso. Il aurait fallu dix Hiroshima pour obtenir l'éradication de ma douleur.

Lacan m'a appris à vivre avec elle. Je n'en ai pas fait une amie, ce serait encore la tenir à distance. Je me la suis incorporée. Elle est devenue mon tissu conjonctif, la fibre de mes muscles, la matière de mon être et sa manière aussi. Elle ne m'a pas détruite et je ne l'ai pas détruite non plus. Et aujourd'hui que les années ont passé, ce Dieu que je veux aimer, ce Dieu que l'on dit jaloux, sait combien cette douleur qui me vint d'un autre constitua le terrible tremplin d'où je commençai à m'élancer vers Lui. Un homme m'a blessée à mort, mais le génie de cet homme m'a amenée à dépasser ma douleur. Le chemin sera aussi long que ma vie. J'ai cessé d'être impatiente depuis la disparition de ceux que j'aimais.

Quand je suis rentrée rue de Savoie, j'étais loin de la guérison. J'avais même compris qu'il n'y aurait pas de guérison. Il fallait l'accepter et si possible s'en satisfaire. Rares sont les enfants qui, refusant de grandir, disent soudain, stop ! je ne joue plus, laissez-moi à cet âge puisque c'est celui où je me sens bien. Au reste, on ne demande pas à l'enfant son avis. Et moi qui avais eu la chance d'être brûlée vive par la passion, je n'allais pas revenir à un stade antérieur dans le seul but de supprimer mes cicatrices. Je suis passée par des phases où je les aurais volontiers exhibées comme autant de stigmates.

N'était-ce pas après tout mon seul titre de gloire que celui d'avoir été la maîtresse de Picasso ? Au reste, ne parlait-on pas à présent de moi comme de l'« ex-maîtresse de Picasso » ? Si l'expression me révulsait, je l'employais moi-même à dessein, non pour en minimiser le sens, mais pour le circonscrire, pour éviter qu'il ne vînt contaminer tout le reste. Dans mon for intérieur, je n'ignorais pas qu'il était trop tard. Les dégâts étaient accomplis et les terres ravagées resteraient à jamais désertes. Mais je me donnais l'illusion de pouvoir tracer un contour appuyé autour d'un mal qui devait rester localisé. Je me voyais, enfant, devant le tableau noir, appliquée à entourer à la craie l'expression « ex-maîtresse de Picasso ». Je m'efforçais de rendre le trait bien épais, au point que le bâtonnet se mît à crisser sur la surface lisse.

M'invitait-on à une soirée, je pouvais d'emblée déterminer si c'était Dora Maar qu'on avait conviée ou l'« ex-maîtresse de Picasso ». Cette décoration d'« ex-maîtresse de Picasso », il me semblait parfois l'avoir acquise à titre posthume et elle attirait tous les regards sur mon catafalque. On m'enviait. On me plaignait. On aurait aimé que, parlant enfin, j'en arrive à accuser publiquement l'homme qui m'avait meurtrie, celui dont le génie éblouissait tous ses rivaux. Je me gargarisais moi-même du mot de génie. La blessure n'était-elle pas plus noble, venant de si haut ? Je résistais pourtant à toutes les sollicitations. Je ne voulais ni accuser ni me venger. Messieurs, je ne suis pas la statue du Commandeur et, si je dois endosser un rôle, je préfère celui d'Elvire. Elle ne prononce pas de condamnation publique contre l'homme qu'elle aime. Elle se contente, haute ambition, de vouloir sauver l'âme aimée.

Chez Marie-Laure de Noailles, on sait m'accueillir pour ce que je suis. Marie-Laure est intelligente et sa fabuleuse richesse, comme d'autres une beauté ou un génie d'exception, l'a placée dans la vie et dans la société en porte-à-faux. Avec elle, nul besoin de s'expliquer, encore moins de se plaindre. Je ne me prive pas de son hospitalité. Dans sa villa cubiste de Hyères, je me suis refait des forces beaucoup mieux qu'à Sainte-Anne.

Mon titre d'« ex-maîtresse de Picasso » a remplacé ma véritable identité et ma réputation de folie, loin d'en ternir l'éclat, l'a encore rehaussé. L'irrationnel est à la mode. C'est l'héritage frelaté des surréalistes, tempêtait Pablo. On me jalouse le privilège d'une mélancolie dont j'ai pourtant caché les manifestations et les dommages. On croit voir au-dessus de ma tête l'auréole du martyr. S'agissant d'amour fou, la démence ne vaut-elle pas béatification ?

Dans ces conditions, tout le monde se moque de la peinture de Dora Maar. Puisque Dora Maar n'existe pas par elle-même, comment serait-elle capable de produire une œuvre ? Qu'elle souffre et nous fiche la paix ! A chacun sa spécialité, ne sommes-nous pas au XXe siècle ? Picasso lui a donné la gloire. Elle ne va pas en plus réclamer le talent !

Certes, il y a pléthore de candidats pour la visite. On tient à venir rue de Savoie. On me fait une cour insistante. Ayant longtemps fréquenté le soleil, je suis censée pouvoir encore réfléchir quelques-uns de ses rayons. On me supplie. On veut voir mes peintures, mais ce ne sont jamais les miennes qu'on réclame. On demande mon trésor de guerre. N'excite-t-il pas toutes les convoitises ? Il va jusqu'à me rendre irrésistible. Il court tant de légendes à propos de ce butin. Je l'aurais acquis pièce par pièce. Dora ? Une vraie gagneuse. Une blessure, un tableau. Une trahison, une grande sculpture. Un bobo, un petit dessin. L'histoire est attrayante. Tous les ingrédients du succès entrent dans sa composition : argent, violence et folie. L'héroïne gagne la célébrité et perd son identité, comme l'autre idiote sa pantoufle de vair.

Personne ne s'intéresse à ma peinture. Et, si je parviens tout de même à la montrer, je sens naître une gêne chez ceux qui la regardent. Pour un peu, mon attitude leur paraîtrait obscène. M'afficher de la sorte, c'est relever ses jupes en public ! Ne me suis-je pas déjà offerte nue, dans un escalier, aux regards d'une noce ? Après avoir eu un maître tel que Picasso, on ne se permet pas d'exhiber des brouillons.

L'affaire est entendue. Je ne vais pas chaque fois remonter le fil du temps afin de me justifier. J'ai été peintre avant d'être photographe. J'ai été peintre longtemps avant ma rencontre avec Picasso. En revanche, je me promets de ne plus donner à voir ce que je fais. La création ne se nourrit-elle pas du secret ? En ai-je entendu de ces talents en friche qui parlaient au tout venant de leurs œuvres prochaines et ne passaient jamais à l'acte !

Des années plus tard, ce devait être en 56, je me souviens d'être allée voir les Lacan dans leur maison, La Prévôté, à Guitrancourt, près de Mantes-la-Jolie. Tout au long du déjeuner, Jacques Lacan poursuivit sa lecture, ne l'interrompant que pour griffonner quelques mots dans la marge de son livre ou pour engouffrer à une vitesse phénoménale ce que sa femme déposait dans son assiette. J'avais connu Sylvia quelque vingt ans auparavant, d'abord épouse de Georges Bataille, ensuite comédienne dans son premier rôle avec Jean Renoir, *Le Crime de M. Lange*. C'est à la projection de ce film que j'avais aperçu Picasso pour la première fois.

Ces deux êtres m'accueillaient chez eux avec la familiarité et la discrétion de ceux qui, acteurs ou témoins, ne s'improvisent jamais juges. Sylvia m'avait vue rebondir sur le plongeoir et m'élancer dans l'amour. Quant à Jacques, il m'avait permis de donner un bon coup de pied au fond de cette piscine où je croyais m'être fracassée.

Après le déjeuner, Lacan referma enfin son livre et me fit signe de le suivre. Je connaissais ce grand bureau qu'il s'était fait installer face au jardin. Il contenait de nombreux objets d'art dont la recherche et la contemplation étaient sa double passion. Il me conduisit, en haut des marches, vers une mezzanine. Il voulait me montrer sa dernière acquisition, la plus inouïe, disait-il. Il me prévint, Sylvia avait trouvé le tableau trop scandaleux pour le laisser à découvert. La femme de ménage risquait d'en être toute remuée. Aussi l'avait-il dissimulé derrière un tableau plus suave d'André Masson, leur beau-frère.

Etes-vous prête, Dora ? Etes-vous prête à le regarder ? Je n'avais aucune idée de ce qu'il allait me montrer, mais j'avais cette hardiesse que confère une certaine expérience. De plus, Lacan n'ignorait rien de ce qu'avait été ma formation. N'avait-il pas été le médecin du maître et de l'élève, de Picasso et de Dora ? J'ai dû répondre qu'il avait toute ma confiance. Ne semblait-il pas heureux de me faire la révélation de sa nouvelle thérapie ? Je ne l'avais jamais vu dans un pareil état de jubilation. Au dernier moment, je craignis pourtant de découvrir, derrière le Masson, un Picasso. Picasso ! Toujours Picasso ! Je souhaitais pour une fois une autre drogue. Je plaquai mes mains devant mes yeux et annonçai, comme si nous jouions à la cachette : « Je suis prête ! »

Il me demanda de n'ouvrir les yeux qu'à sa demande. J'entendis qu'il faisait coulisser le panneau de Masson pour libérer l'œuvre dont il était fait si grand cas dans cette maison. Mon Dieu, faites que je ne sois pas déçue !

Voici *L'Origine du monde*, dit-il, avec une sorte de fierté dans la voix. Mes yeux étaient toujours masqués et j'avais mal compris ce qu'il m'annonçait. *L'Origine du monde*, répétait-il. Le tableau de Courbet, Dora, le tableau qu'on disait disparu depuis... Je lui coupai la parole. *L'Origine du monde* ! Sans attendre son autorisation, j'avais retiré mes mains de devant mes yeux. Une pure merveille ! Non, je n'étais pas déçue. Ce sexe de femme valait toutes les légendes, tous les secrets suscités. Sa découverte, au fond de la mezzanine de mon analyste, me stupéfiait au point que je ne songeai même pas à lui demander comment il s'était procuré cette œuvre que l'on croyait perdue à jamais. Certains prétendaient l'avoir vue pour la dernière fois dans les mains des nazis, d'autres affirmaient qu'elle était depuis prisonnière de leurs vainqueurs soviétiques. L'icône interdite voyageait sans que personne pût la retenir. Avait-elle jamais existé ?

Ma première réaction fut de demander à Lacan s'il l'avait montrée à Picasso. Il me répondit qu'il l'avait fait, quelques jours plus tôt. Au fond de ce somptueux sexe de femme, c'était encore la trace du Minotaure que je cherchais, et, grâce à Lacan, je l'avais de nouveau repérée.

— Qu'a-t-il dit ?

— Il a dit : « La réalité, c'est l'impossible. »

Picasso avait ri de bonheur. Faire de Courbet un réaliste, quelle blague ! A la rigueur, ses natures mortes. Mortes comme le réalisme ! Mais, cette chair de femme n'était pas la réalité. C'est la Genèse, la Création du monde, la création tout court ! C'est Courbet, rien que Courbet, et non l'illusion de la réalité. Le Minotaure aurait beau le lécher, ce sexe, il ne parviendrait pas à l'émouvoir. Qu'importe, répondait Courbet, puisque ce corps nous a tous enfantés ! Il n'a pas besoin de Dieu. Il suffit à Courbet de peindre un beau corps de femme et de l'appeler *L'Origine du monde* ? Merci, monsieur Gustave !

Je pensais à mon propre sexe, à la manière dont Picasso l'avait montré dans *Dora et le Minotaure*. Son mufle placé entre mes jambes écartées, il avait dû me voir dans cet axe-là, avec le reste en ligne de fuite. C'était bien. Par ce ricochet, de Picasso en Courbet, la chair se défroissait et devenait, comme dans la Légende dorée, incorruptible.

Je pensais à Michel-Ange, peignant *La Création d'Adam* à la chapelle Sixtine. N'est-ce pas le même abandon ? N'est-ce pas la même chair sans péché ? Mais au Vatican, Dieu donne et Dieu reprend après la faute. Chez Courbet, il n'y a pas de Dieu, pas même de déesse. La chair est faite d'une si belle matière qu'elle en vient à s'engendrer elle-même.

Ce beau con que M. Courbet a voué à l'immortalité s'était longtemps perdu dans ses pérégrinations en Europe centrale. A présent, tout caché qu'il était dans la mezzanine de Guitrancourt, n'allait-il pas reprendre en toute quiétude son voyage à perpétuité ? Picasso, avait offert à ma propre personne, en son ensemble et en ses parties, cette sorte d'immortalité. Il m'arrivait d'avoir, dans ma foi en Dieu, des moments de doute. Et si cette immortalité de l'art était la seule ? Et si l'âme tenait au corps comme la viande à l'os ? Et si l'homme avait créé Dieu à sa propre image pour tenter de refuser la mort et la corruption de sa propre chair ? Pourquoi les saints et les saintes répugnent-ils eux-mêmes à abandonner leur vêtement de chair à la pourriture ? Ne dit-on pas que Thérèse, la sainte Thérèse d'Avila, la Thérèse du « mourir de ne pas mourir », eut son corps préservé de la décomposition après l'arrêt de ses fonctions vitales ? Francisco de Ribera raconte : « Elle était si entière que mon compagnon Cristobal de San Alberto et moi nous sortîmes tandis qu'on la déshabillait ; on me rappela lorsqu'elle fut recouverte d'un drap ; découvrant ses seins, je fus surpris de les voir aussi pleins et aussi droits... Les médecins examinèrent longtemps le corps et décidèrent qu'il était impossible que cela soit chose naturelle, sinon vraiment miraculeuse... car après trois ans, sans avoir jamais été ouvert, ni embaumé, il était si entier que rien ne lui manquait et il en émanait une odeur admirable. »

Picasso disait : « La réalité, c'est l'impossible. » Et moi, je cherche, je cherche. Je n'en finis pas de chercher.

Je fais les gestes. Je dis les prières. L'enfance remonte avec les mots, et, parfois c'est Dieu que j'entrevois. Ma croyance est encore très fugace. J'ai pourtant le désir opiniâtre de la conforter. N'est-ce pas le seul amour que je puisse convoiter ? Pour moi, s'il n'est plus question d'aimer un homme, je ne suis pas encore l'ermite que je m'apprête à devenir dans mon ultime vieillesse. J'ai des amis, des hommes et des femmes que j'apprécie depuis de longues années. Il m'arrive de répondre à des invitations et de prendre plaisir à des rencontres, voire à des mondanités. Je me gave de cinéma et je m'y rends le plus souvent seule. J'ai mes coquetteries, même si je ne fais plus la mode comme au glorieux temps où je n'apparaissais jamais en public sans Picasso. J'ai gardé un certain goût du luxe. Certes, ma maison de Ménerbes n'est qu'une ruine orgueilleuse dont je ne fais relever que ce qui menace de s'écrouler. Elle ignore le confort et les scorpions s'y sentent plus à l'aise que leurs frères humains. En revanche, je vis rue de Savoie dans l'opulent grouillement des scarabées d'or dessinés par le maître, entourée de ses œuvres, dont j'ai dû pourtant placer une partie dans la chambre forte d'une banque.

Une fois par semaine, je fais venir à domicile une manucure. Sa mission n'est pas d'embellir mes mains. Elle est de les maintenir dans l'état où Picasso les a laissées. N'a-t-il pas conservé, dans une vitrine de la rue des Augustins, les gants tachés de mon sang de notre première rencontre ? La manucure doit se conformer au rituel. Nous nous installons devant cette huile sur toile, datée du 7 novembre 36. Picasso a saisi sur mon visage la jeunesse et l'éblouissement de notre premier été à Mougins. Ma main a la forme idéale de notre amour. Je dois lui garder cette grâce unique destinée maintenant à la prière.

Après Picasso, il n'y a plus que Dieu ? Si je ne l'ai pas dit, on me l'a fait dire. Si je ne l'ai pas dit, je n'ai jamais cessé de le penser.

XIV

J'ai un ami. Il est beau. Il est jeune, quinze ans de moins que moi. Il est américain et il n'aime pas les femmes. Débarqué en France, le 14 septembre 44, sur la côte normande, à Omaha Beach, il a mené son combat, qui était le nôtre, sous le commandement du général Patton. Ce jeune homme n'avait pourtant rien d'un foudre de guerre. A peine démobilisé, il s'est précipité à Paris avec une seule idée en tête, apercevoir Picasso, le plus célèbre artiste au monde.

Il m'apparut, blond, dégingandé, encombré par son grand corps trop tendre, marchant, que dis-je, sautillant tel un Kazbek, aux côtés du maître tant admiré. Tous les deux, ils venaient à ma rencontre sur le trottoir de la rue de Savoie. L'Américain était l'invité de la treizième heure que je me voyais imposer, ce jour-là, au Catalan. Je marquai ma réprobation d'un silence qui se voulait hautain et tirai avec une énergie sans pareille sur mon fume-cigarette en forme de trompette, ne desserrant les lèvres que pour rejeter mon mépris avec ma fumée.

Picasso avait-il besoin de se laisser séduire par ceux qu'il subjuguait sans effort ? Etait-il nécessaire qu'il vérifiât son emprise sur ces jeunes veaux qui lui roulaient des yeux enamourés ? Chewing-gum, whisky, french kiss ? Il avait tant désiré cette reconnaissance universelle qu'il pensait avoir encore à la quémander. Loin de repousser les raseurs de tous poils qui faisaient antichambre, il se livrait volontiers à leurs caresses comme une fille publique. Longtemps retiré dans sa forteresse des Grands-Augustins, il entrait à présent dans une phase de séduction, livrant sa personne à l'adoration unanime. Et ce pauvre Yankee qui se sentait devenir unique en sa présence ! Les yeux de Picasso ne lui renvoyaient-ils pas l'image qu'il avait souhaitée ? N'était-ce pas le regard absolu ? S'il recevait de ces yeux-là la confirmation de son unicité, cela n'aurait-il pas valeur d'adoubement ? Le jouvenceau faisait des mines dès que son suzerain oubliait de lui jeter des miettes. A un moment, Picasso se mit à me parler en catalan pour être certain de ne pas être compris par notre jeune invité. J'ai oublié ce que je lui ai répondu, dans la même langue, je me souviens en revanche que nous avons éclaté de rire avec cette volupté synchrone qui tenait à distance tout corps étranger à notre couple.

Ledit corps étranger, américain en l'occurrence, faisait montre de tous les culots. Je me demandais sur le moment comment il avait pu se débrouiller pour qu'on lui ouvrît la porte des Grands-Augustins, et qu'en plus, Picasso l'autorisât sur-le-champ à venir déjeuner et troubler notre tête-à-tête du Catalan. Il m'avouera plus tard avoir feint auprès de Sabartès une légère claudication due à une blessure de guerre. Beauté, jeunesse, bravoure. Impossible de résister. Celui qui deviendrait mon ami et qui n'était encore qu'un admirateur zélé de Picasso, doublé d'un imposteur, osa même demander au maître de lui faire son portrait. Comme ça, en plein restaurant, à l'heure de la pause, non de la pose ! J'ai failli répliquer à la place de Picasso qu'un portrait aurait été amplement mérité si au moins il était mort au combat. Une blessure de circonstance méritait-elle tant d'honneur ? Mais l'autre n'en démordait pas. Juste un petit dessin, insistait-il. Epaté par le toupet de son invité, Picasso se défendait mollement. Il faisait signe qu'il n'avait pas sur lui son matériel, ce qui était faux. La doublure de sa veste comportait assez de poches, certaines rendues amovibles par de simples épingles de nourrice, pour contenir tous ses instruments de campagne. Quant à la nappe du Catalan, elle faisait souvent office de papier à dessin. J'avais toujours sur moi le canif de notre première rencontre aux Deux-Magots, mon père me l'avait offert autrefois, en Argentine. Je m'en servais pour découper la nappe après notre passage. L'homme que j'aimais ne manquait pas d'y dessiner chaque fois mon visage ou ma main, mon fume-cigarette en forme de trompette, ou la petite tête ébouriffée de mon bichon blanc que je venais de perdre, deux minuscules brûlures à la pointe d'une Gauloise pour les fibrilles rouges de ses yeux.

Loin de se laisser démonter, l'invité américain avait sorti de sa musette un carnet de croquis et des crayons. Il avait installé le tout devant un

Picasso conquis par tant d'aplomb et qui n'avait plus qu'à s'exécuter. Certes, ce fut torché en un rien de temps. Un clin d'œil, la caresse du crayon, à peine un crissement, c'était fait. Que demander de plus ? L'autre ne voulait-il pas voir son visage de simple mortel entrer à l'intérieur de Picasso par la fente du regard, puis cheminer de son cerveau vers sa main, et venir impressionner à jamais la page blanche ? Le prestige de la signature ferait le reste.

Le peintre tendait à son modèle le dessin achevé. Il osait à peine regarder sa propre image revisitée par le génie. Il se confondait en remerciements. Au moment où nous sortions du restaurant, il en oublia de boiter. Trois mois après, il avait entre-temps rejoint son régiment à Mannheim, l'ami américain revint à la charge. Il réussit à s'introduire de nouveau aux Grands-Augustins et il arriva cette fois avec une belle feuille de papier à dessin et un gros crayon, le plus gros qui fût disponible sur le marché. Je ne me trouvais pas à l'atelier ce jour-là et c'est James Lord, l'ami américain en question, qui me racontera lui-même l'histoire des années plus tard. Il avait osé prétendre qu'un malheureux accident avait endommagé le dessin fait au restaurant. Aussi suppliait-il le maître de bien vouloir se servir du papier et du crayon pour en réaliser un second. Le plus incroyable est que Picasso n'envoya pas balader l'intrépide personnage. Encore ignorait-il qu'en réalité le premier dessin était intact, mais qu'il n'avait pas eu l'heur de satisfaire le modèle. Il l'avait trouvé par trop griffonné à la hâte. Picasso ne s'était-il pas débarrassé en un tournemain du raseur ? C'était compter sans l'opiniâtreté dudit raseur qui avait inventé un accident pour obtenir un autre portrait. Quelle dose d'inconscience et de hardiesse il fallait pour entreprendre une telle démarche auprès d'un tel homme ! Les dieux devaient être avec James, ce jour-là. Il obtint du maître ce qu'il souhaitait. Le second dessin comblait tous ses vœux. S'ils avaient été seuls et si le maître l'avait laissé faire, il se serait volontiers précipité à ses pieds pour les embrasser. Il était amoureux du peintre comme il l'était de sa propre image.

Le soldat dut rentrer dans son pays. Il ne parvenait pas à oublier la France et l'atelier de ce peintre qu'il avait contraint, par deux fois, à faire son portrait. Il fut de retour à Paris deux ans plus tard. Tout avait changé. Une autre régnait sur les Grands-Augustins. Au reste, le verbe régner convient mal à la situation. Jamais aucune femme ne régna aux côtés de Picasso, encore moins sur lui. Je dois dire pour être plus précise qu'une autre vivait aux Grands-Augustins et que ma disgrâce était consommée.

J'ai rencontré par hasard James Lord dans une boutique du quartier. Il n'avait plus rien d'un soldat. Il semblait content de me retrouver, je l'étais aussi. Autrefois j'avais refusé de lui ouvrir ma porte et c'était moi à présent qui l'invitais à entrer. Nous sommes devenus amis. Nous parlions de Picasso. Il l'apercevait de temps en temps. Je ne le voyais plus. Après la mort brutale de mon cher Eluard, en novembre 52, James resta, ô dérision, mon seul lien avec l'homme qui avait été ma vie, qui l'était toujours.

Il m'arrivait pourtant d'écrire à Picasso. Lettres compassées d'une Elvire qui voulait sauver l'âme de Dom Juan et ne parvenait pas à oublier son corps. Il me répondait que son âme ne serait pas en danger aussi longtemps qu'il se plairait à la disperser aux quatre vents de son œuvre comme saint François nourrissait à la volée les moineaux d'Alviano.

Un jour, on est venu me livrer rue de Savoie un énorme colis que deux hommes eurent le plus grand mal à hisser jusqu'au deuxième étage. Le nom de l'expéditeur était clairement indiqué. Je reconnus aussitôt l'écriture. Il l'avait écrit de sa main : Picasso-Vallauris.

Je téléphonai à mon ami américain, lui demandant de venir m'aider à sortir de sa gangue la météorite arrivée par miracle d'un autre système solaire. Il nous fallut une bonne heure pour venir à bout d'un appareil de protection incroyablement compliqué. La démesure des emballages laissait supposer le caractère précieux, unique, de l'objet s'y trouvant dissimulé. Je m'attendais à un bronze patiné par les caresses du temps et par celles du maître. Picasso n'était-il pas le généreux donateur ? Ce que je découvris m'apparut effarant tant par sa laideur que par sa banalité. Dans cet objet, longuement déshabillé comme se dévêt de ses jupons une vieille coquette, il n'y avait rien de Picasso, sinon l'intention bizarre, perverse, voire provocatrice, de m'envoyer une pareille médiocrité dont il n'était de toute évidence ni l'auteur ni l'inspirateur. En fait, la chose n'aurait été qu'insignifiante si on n'avait pas pris le soin de la protéger mieux qu'une momie de pharaon et si l'expéditeur n'avait pas affiché le nom de l'homme que j'aimais et dont je n'avais plus de nouvelles.

Par quelle aberration cet homme-là, parcimonieux de son temps, avait-il tout à loisir machiné un tel stratagème au moment même où sa compagne venait de le quitter, emmenant ses deux enfants ? Pour quelle raison ou par quelle folie, s'était-il dit que ce truc-là était assez laid pour intéresser Dora ? La surréaliste en elle ne manquerait pas d'y dénicher quelques signes secrets et sacrés. Peut-être envisageait-il qu'au-delà des années et de la séparation, une complicité aurait préservé la possibilité de se retrouver dans l'absurdité des choses et d'en rire à distance. Monsieur Picasso, n'était-ce pas faire trop d'honneur à cet objet ? N'était-ce pas lui attribuer le pouvoir magique de nous réunir dans le même cynisme ?

Qu'avais-je devant moi, en effet ? Qu'était-il le prestigieux cadeau annoncé à son de trompe ? Une chaise ! Une misérable chaise ! Lourde, massive, encombrante. Et pour tout dire, inutilisable ! Une chaise sur laquelle il était impossible de s'asseoir ou de se reposer. De plus, ses proportions détruisaient autour d'elle toute harmonie.

L'ami américain me demanda si je comptais la renvoyer à son expéditeur. En fait, il se doutait que je la garderais. Lui-même l'aurait sans aucun doute placée sur un piédestal si le maître s'était seulement avisé de lui faire un pareil cadeau. N'était-ce pas une manière pour Picasso de vérifier l'étendue de son pouvoir ? La matière la plus vile ne se faisait-elle pas précieuse pour peu qu'il la touchât ? Le miracle était avec lui permanent, alors que le roi ne guérissait les écrouelles que les jours de fête.

Quelques mois plus tard, c'était au moment de Pâques, mon jeune ami m'accompagna à Ménerbes. Il avait la gentillesse de supporter l'inconfort de la maison et les sautes d'humeur de l'hôtesse. Je l'abandonnais souvent à la seule compagnie des scorpions, tandis que je partais avec mon vélomoteur peindre sur le motif. Par crainte de le voir s'ennuyer, je lui suggérai d'aller rendre visite à Picasso que je savais à Vallauris. Il s'exécuta aussitôt, le prévenant de la date à laquelle il aimerait passer le voir. La perspective de ces retrouvailles le mettait en joie et je ne regrettais pas d'avoir suscité la rencontre.

En fait, j'avais envie de rendre à Picasso la monnaie de sa chaise. Je cherchai de quel cadeau l'ami américain serait le porteur. J'optai pour une vieille pelle abandonnée dans une soupente et qui devait être aussi ancienne que la maison. Sa lame était écorchée et rouillée. Son manche, tout déchiqueté et friable, n'aurait même pas pu servir de véhicule aux sorcières, qui n'utilisent au reste que des balais. La mauvaise qualité du matériau ne permettrait pas non plus au maître de l'amalgamer à une de ses sculptures. Son génie de la récupération serait tenu en échec !

J'enveloppai avec un soin maniaque la précieuse pelle. Des bandelettes de papier brun, renforcées de tout un entrelacs de ficelles. Certes, ma conduite n'était guère chrétienne, mais je n'avais plus envie de pardonner les offenses. Je voyais surtout dans ce cadeau le moyen de manifester mon existence à un homme qui n'avait pas voulu respecter ma discrétion et ma souffrance. En fait, j'avais retrouvé cet esprit de surenchère auquel nous nous livrions autrefois dans nos ébats comme dans nos colères. N'étions-nous pas des partenaires ? N'était-ce pas à la partenaire de ces jeux invraisemblables qu'il avait envoyé la chaise impossible ? J'indiquais à mon tour le nom du donateur : Dora Maar. Ménerbes (Vaucluse). Toutes choses inutiles puisque l'ami irait en personne livrer à domicile le délicat présent. Ce qu'il fit les jours suivants.

Après une visite à Jean Cocteau qui se trouvait alors au cap Ferrat, dans la somptueuse propriété de Francine Weisweiller, il se rendit à Vallauris où il fut reçu à La Galloise. Assis torse nu sur son lit, Picasso était occupé à dépouiller son courrier quand on permit à James d'entrer. D'après le récit qu'il me fit dès son retour, le maître lui avait demandé des nouvelles de la maison de Ménerbes et de celle qui en était désormais la propriétaire, sans même inverser les caractéristiques de l'une et de l'autre. Il eût été, en effet, conforme à sa manière qu'il désirât savoir si Dora était toujours en ruine et si la maison de Ménerbes conservait jusque dans son sommeil ce beau visage autoritaire qui lui avait tant plu. Mais non, il semblait bien disposé et il se montrait curieux. D'emblée, il avait deviné que le paquet qui encombrait les bras du visiteur ne pouvait être que la réponse de la bergère au berger.

Adorable Dora, a-t-il dit, je suis certain qu'elle a réfléchi longtemps et qu'elle a fait le meilleur choix. Personne ne la connaît mieux que moi ! Avant de déballer le paquet, il a pourtant pris un malin plaisir à demander au messager s'il avait lui-même vu l'étonnante offrande qu'il m'avait faite quelques semaines plus tôt. Il lui fut répondu qu'il avait fallu plus d'une heure pour ouvrir la caisse et pour défaire tous les emballages. Picasso riait comme un enfant. Horrible, n'est-ce pas, renchérissait-il, tellement horrible ! Je suis sûr qu'elle a gardé cette horrible chaise chez elle. Je la connais, elle s'est crue obligée de la garder. Sais-tu que j'ai pris soin de peindre les toilettes de Ménerbes pour que, même là, elle ne puisse pas m'oublier. C'est comme ça entre nous !

Il ne s'était pas longtemps débattu avec l'emballage. Il avait d'abord regardé la pelle sans broncher et il avait ensuite déclaré combien il avait raison de toujours me faire confiance. Parfait, répétait-il. Absolument parfait ! Décidément, Dora ne me décevra jamais. Le dialogue a toujours été possible avec elle, et même maintenant, un vrai dialogue ! Il avait encore demandé à son visiteur s'il avait admiré comme il se doit le siège peint par ses soins dans les toilettes de Ménerbes. Mon ami m'avouera plus tard qu'il avait eu l'indélicatesse de répondre que je l'avais remplacé par quelque chose de plus commode, et qu'entendant cela, Picasso avait jeté avec fureur mon cadeau par la fenêtre. Un dialogue certes, mais qu'il pouvait interrompre de son seul fait à chaque instant.

Dès le retour du messager, j'ai refermé les portes de Ménerbes avec ce sentiment habituel de devoir clore une parenthèse. Nous allions prendre la route et rentrer à Paris. Je ne sais pourquoi le temps de Ménerbes m'a toujours paru hors du temps. Même la présence d'un ami en ce lieu où je vis d'habitude seule ne parvenait pas à rendre plus réel le passage des heures et des jours. Je n'ai, ici, pas plus d'âge que la maison dont je n'ai jamais su exactement la date de construction. Je flotte dans l'état où l'on se trouve d'habitude le matin, au réveil. On s'interroge. Dans quelle chambre suis-je ? Est-ce ma chambre d'enfant à Buenos Aires ? Est-ce celle, plus tardive, de toutes les souffrances ? Est-ce la dernière ? Peut-être celle où j'ai aimé ? Si j'étends le bras, vais-je rencontrer le corps chaud de mon amant ? Le mien, est-il en vie ? N'ai-je pas déjà perdu la totalité de mes membres ?

A Ménerbes, j'envoie balader les interrogations. A quoi bon savoir si la vie commence ou si elle est déjà finie ! Le présent est sans âge quand je suis assise sur mon vélomoteur et que je m'en vais peindre dans les champs. Il est sans âge quand je m'agenouille dans l'église du village. Chacune de ces actions ne s'insère plus dans le temps. Elle appartient au rituel de l'abandon. Loin de craindre, comme autrefois, d'être abandonnée — de mes parents, de l'homme que j'aime —, je laisse aller mon être. Et c'est moi qui cesse de me cramponner. J'abandonne les étriers. Je sais pourtant où je souhaite aller.

Les marches de Ménerbes sont creusées par

l'usure. J'inscris mes pas dans ceux qui les ont précédés, dans ceux qui les suivront.

Voyage de retour. Première étape près du pont du Gard, au château de Castille. Précédée d'interminables enfilades de colonnes et de courbes baroques, cette folie du XVIIIe siècle est la propriété d'un très riche et très original historien d'art anglais, Douglas Cooper. Sa collection de Picasso est impressionnante. Ce soir, nous sommes, James et moi, invités au château et nous poursuivrons ensuite notre route vers Paris.

Depuis la traversée d'Avignon, je remarque de chaque côté de la route des affiches qui annoncent une corrida à Nîmes. D'après ce que je lis, elle vient juste de se terminer. Impensable que notre hôte et son ami aient pu rater l'événement. Sans doute sont-ils sur la route du retour et nous arriverons tous au même moment. A dire vrai, il m'est difficile d'imaginer les arènes de Nîmes sans Picasso. Tout se précipite alors dans ma tête. Et si l'ami américain s'était montré trop bavard ? Et si le messager ne s'était pas contenté de livrer à Picasso mon cadeau rouillé ? Et s'il avait parlé de notre dîner à venir au château de Castille, commettant l'erreur d'en préciser la date ? Et si Picasso avait profité de la corrida pour accepter l'hospitalité grandiose d'un Douglas Cooper ?

J'ai une impression de vertige. Il y a tant d'années que nous ne nous sommes vus. Ces affiches sont-elles là pour annoncer ta présence ? Je suis sur le point de demander à faire demi-tour, mais je suis prête aussi à massacrer sur-le-champ quiconque m'empêcherait d'aller jusqu'au bout. Je ne sais plus ce qui est en moi le plus fort, le désir éperdu de te voir ou l'effroyable peur de te rencontrer.

Je n'ai rien choisi, ni l'heure ni le lieu. Picasso aura comme d'habitude tout décidé.

Nous sommes arrivés à Argilliers et j'ai tout de suite vu l'Hispano-Suiza. Est-ce vraiment celle que j'ai connue autrefois ? Elle m'effraie aujourd'hui. Jamais elle ne m'est apparue si noire. On dirait un véhicule des pompes funèbres.

Il est donc là. Il habite ce soir un château qui pourrait être celui de Don Giovanni. Il a retenu la date que le messager indiscret a laissé échapper. Est-ce enfin le dernier acte ? De plus, il ne sera pas seul. Ses trophées glorieux l'accompagneront. Certaines de ses œuvres, parmi les plus poignantes, blessent les murailles du château de tous leurs éclats.

Il est donc là, l'homme que j'aime. Et je sens que je vais le haïr de nouveau. Je ne l'ai pas vu depuis... depuis... je compte sur mes doigts. Huit ans. Je ne l'ai pas rencontré depuis huit ans. J'ai envie de retourner d'un coup sec mes doigts pour mieux les briser et mettre un terme à l'angoisse. Mais je ne suis plus malade. Que dis-je ? je n'ai jamais été malade.

Comment pourrais-je fuir celui auquel je n'ai cessé de penser ? Huit années, c'est quoi ? Un instant, une éternité ! Et qui parle de séparation ? Je t'ai retrouvé tous les jours et toutes les nuits dans une intimité qui n'est pas vraiment de ce monde. Et ce soir, monsieur Picasso, je ne voudrais pas que vous gâchiez cette intimité-là qui ne vous appartient plus. Un rêve, direz-vous. Non, je n'ai pas fait que rêver, huit ans durant. Il m'arrive d'être éveillée. Alors, monsieur Picasso, ne vous introduisez pas dans une intimité où c'est un autre que je chéris, un autre qui se laisse aller sans défense à mon amour.

L'ami qui m'accompagne a saisi mon trouble. Sans doute regrette-t-il son indiscrétion. Pourquoi n'a-t-il pas su tenir sa langue ? Nous marchons entre les colonnes. Il se penche vers moi, s'apprêtant à murmurer quelque conseil comme un confident de tragédie, mais sa voix est aussitôt couverte par un orchestre tzigane qui vient nous accueillir sur la terrasse. Une danseuse, le bras levé, fait tourner son mouchoir rouge. J'ai l'impression de reconnaître les mots et les rythmes. Je crois me rappeler qu'il s'agit en fait d'une chanson d'adieu :

> Vi ne zalite menia cigani
> Sad zbogom cigani posledni je cas.
> Daï, daï, daï, daï, laïla,
> Daï, daï, daï, daï, laïla...

Et puis, ce refrain que mon père chante au moment de trinquer et qu'il a lui-même appris des tziganes, dans les Balkans de son enfance. Les verres de vodka se heurtent. Les bras s'entrecroisent. Dobri Tchass ! Zbogom ! Il faut avoir la force de quitter le campement, s'exclame-t-on.

A l'intérieur, il y a du monde. C'est lui que je vois. C'est lui que j'entends. Les Tziganes se taisent. Et, dans le silence, il vient vers moi. J'ai oublié l'ami à mes côtés, mais Picasso fait mine de souligner aux regards de tous notre singulière association. Bravo ! hurle-t-il. Je suis sûr que vous allez vous marier. Dora chérie, je n'ai jamais douté que tu trouverais le meilleur des partis ! Et, avec cela, jeune, blond, insignifiant, je reconnais bien là tes goûts, ma douce. Pour quand la noce ? Si c'est à Ménerbes, j'espère qu'on n'oubliera pas d'inviter l'ancien propriétaire. Je ferai un beau cadeau de mariage, j'ai l'habitude des cadeaux. A moins que la chose soit déjà faite et que vous n'ayez même pas pris la peine de me l'annoncer. Réponds-moi, Dora, êtes-vous mariés ?

— Seulement fiancés !

— Quelle surprise, ma chérie, de vous trouver ici. Personne, à Nîmes, ne me l'avait dit. Sans doute sais-tu que nous venons d'y voir une novillada, de jeunes taureaux, tout juste trois ans. Mais si je te comprends bien, ma douce, tu préfères, toi, les jeunes veaux. Quelle chance pourtant de se retrouver ensemble dans le beau château de Douglas. Vraiment, c'est une grande chance.

— Une chance pour qui ? ai-je demandé.

— Pour moi. Pour moi, bien sûr. Je n'ai pas eu le bonheur de te voir depuis si longtemps et je te croyais tout entière occupée au salut de ton âme. Et là, soudain le miracle. Quel renouveau pour moi. Je te vois enfin apparaître, accompagnée par les Tziganes. Quel beau tableau, Dora ! Et toi, comment me trouves-tu ?

— Inchangé.

— Je ne peux donc plus te surprendre ?

— J'ai dit inchangé. Justement parce que vous n'avez jamais cessé de me surprendre.

— J'ai vieilli, tu sais. Tu vois devant toi un

homme seul. Elle est partie. Elle a emmené les enfants. J'ai fait d'elle une reine et elle m'a traité en bouffon.

— Dobri Tchass ! Zbogom !

— Si tu savais dans quel état je suis, tu serais à mon égard plus compréhensive.

Nous sommes tous les trois debout dans le hall, devant une grande toile de Nicolas de Staël, mon voisin de Ménerbes. Ses œuvres n'inspirent à Picasso que le plus ironique des mépris. Le maître de maison est venu nous accueillir, puis il a entraîné tout son monde au salon comme s'il souhaitait nous laisser renouer entre nous les fils d'un jeu sanglant qui fit autrefois florès et dont il se vantera bientôt d'être le nouvel organisateur. Le Minotaure a beau se plaindre et ruser, il n'a rien perdu de sa pugnacité et l'ami américain s'apprête à mordre la poussière.

— Ton cadeau, Dora, une merveille ! Je te reconnais là. Ton goût, ton humour ! Mais pourquoi ne me l'as-tu pas porté toi-même, ou, à la rigueur, envoyé par la poste ? Je n'aime pas qu'il y ait quelqu'un entre nous.

Il se tourne alors vers notre ami, et, faute de pouvoir le toiser, il le tient captif dans le noir de son regard et l'attire à lui comme un volatile hypnotisé.

— Je me demande, me dit-il, ce que tu peux bien lui trouver.

— Je le trouve beau, aimable, jeune et intelligent.

— C'est beaucoup pour un inconnu. Et un inconnu appelé à le rester. Un inconnu dont le seul titre de gloire sera d'avoir réussi à m'arracher deux portraits signés. On peut dire que c'est un vrai exploit ! Je me souviens même, ma douce, de vous avoir entendue regretter qu'il ait à l'époque réussi à s'immiscer entre nous. Maintenant que je ne veux plus de lui, c'est à vous sans doute qu'il demande de faire son portrait ?

— Exact.

— Serviable comme vous êtes, je suis certain que vous l'avez fait.

— Vous êtes décidément toujours jaloux, et plus de vos modèles que de vos maîtresses.

Il me prend soudain par la main et m'entraîne vers le salon où les autres invités sont déjà réunis. Je pense à notre première plage. Je pense à Mougins. Ne m'avait-il pas contraint à le suivre sans me retourner ? La recommandation serait aujourd'hui inutile. Si je me retourne sur mon passé, je ne vois que lui. Alors je me laisse prendre de nouveau au piège et le salon se referme sur moi comme une boîte magique peinte aux couleurs de Picasso. Les murs sont entièrement recouverts de ses œuvres. Certaines appartiennent à ces périodes anciennes où j'étais tout juste née, d'autres sont de mon temps, le nôtre, celui de notre amour, les dernières enfin, à peine sèches et venues d'un autre monde, ne me sont pourtant pas étrangères. J'ai l'impression de me trouver voyeuse de ma propre vie. J'usurpe sans doute un droit que personne ne m'a conféré, mais, dans chacune de ces œuvres, je crois saisir l'éclat infime de mon amour pour celui qui les a créées. Je ne suis qu'un fantôme en visite et c'est ce fantôme que Picasso tient par la main.

Planté au milieu du salon, il me désigne ses

tableaux. Tu vois, dit-il, tout cela continue à vivre sa vie sans moi. Mais ce sont mes enfants, je les reconnais. Et toi, ma chère, comment vis-tu avec ceux que je t'ai donnés ? Est-ce que tu les élèves bien ? Si mes souvenirs sont exacts, tu en as un bon nombre !

— Oh, un véritable orphelinat !

— Je me suis même laissé dire que certains te ressemblaient trait pour trait ! Faire des enfants qui ressemblent à leur mère, un comble pour un Artiste peintre qui se fout du réalisme ! Peut-être n'es-tu pas réelle toi non plus, ma douce, puisque je te retrouve inchangée, telle que je t'ai connue, le jour des Deux-Magots. Fais-moi voir tes mains. Sont-elles toujours aussi belles ? Saignent-elles encore ?

— Elles se contentent de prier. J'ai rangé le couteau.

— Tu te trompes si tu penses que les roses mystiques n'ont pas, elles aussi, des épines.

— Elles en ont et c'est justement pour cela que je les aime.

— Je te reconnais bien là. Mais tu ne préférerais pas me caresser avec ces belles mains ? Prier, prier, tu auras tout le temps de prier quand tu seras vieille. Le soir à la chandelle, et cetera, et cetera... Picasso me célébrait du temps que j'étais belle, et cetera, et cetera... Pourquoi, diable, nous sommes-nous séparés ? Cela n'a pas de sens. Dis-moi pourquoi ?

— Ce n'est pas mon rôle d'expliquer à l'assassin les raisons de son crime.

— Les grands mots, Dora ! Crois-tu que tu ne

m'as pas blessé, toi aussi ? Crois-tu que je n'ai pas souffert à cause de toi ?

Comme je ne réponds pas, il me demande avec ce sourire d'enfant criminel :

— Dis-moi, je suis sûr que tu l'as trouvée épatante, la chaise que je t'ai envoyée ? Quand tu m'as répondu avec la pelle, j'ai compris que jamais rien ne changerait entre nous.

Nous sommes passés à table. Douglas Cooper a demandé à Picasso de s'asseoir à sa droite et celui-ci s'est récrié, voulant m'offrir la place d'honneur qui, selon lui, me revenait. J'ai évidemment refusé, gênée de voir ainsi soulignée l'indélicatesse de notre hôte. En fait, je n'ai jamais attaché la moindre importance aux questions de préséances et une longue fréquentation de Picasso m'a habituée à le voir partout mieux traité qu'un roi. Passer en second alors qu'il est, lui, le premier, ne peut froisser ma vanité. Dieu et Picasso vous apprennent l'humilité. Elle devient naturelle et confortable.

La conversation est animée, et, même quand le maître se tait, les regards se tournent vers lui. On craint la rapidité de ses ripostes. S'il lui arrive de malmener la grammaire, ça ne l'empêche pas de faire mouche à tous les coups. On guette son approbation. Pour peu qu'on le fasse rire, la partie est gagnée. J'ai vu des douairières revêches, qu'on aurait dites peintes par Goya, descendre de leurs cadres et s'exercer à des pitreries afin de lui arracher un sourire. J'ai vu des messieurs bedonnants se lancer dans quelques figures de flamenco dans l'espoir de le charmer. Mais le pouvoir de séduction de Picasso est à son comble quand il se tait. Il sait écouter, et, insatiable, vous boire des yeux jusqu'à l'âme. Le Créateur aurait-il réussi son chef-d'œuvre en donnant à cet homme le visage mythique du créateur ? Son regard prend. Son regard donne. Mais, attention, tout est possible ! Avec lui, on ne reste pas longtemps dans l'œil du cyclone, dans ce lieu de convergence miraculeusement protégé d'on ne sait quelle tourmente extérieure.

La table est étroite et Picasso ne me quitte guère du regard. Je sens sa volonté d'afficher entre nous une complicité, rétive et charmeuse, qui ne porterait pas les stigmates du passé. A un moment, alors qu'on s'adresse à lui de l'autre bout de la table, il se tourne vers moi. Dora, me dit-il, j'ai envie de te dessiner, comprends-tu ? Parlant de mes peintures, tu as dit tout à l'heure, que tu avais chez toi tout un orphelinat. Est-ce que tu ne voudrais pas que je te fasse encore quelques enfants ?

Je me suis sentie rougir. La chaleur au creux de mon décolleté. J'ai vidé d'un trait mon verre de bordeaux et allumé une cigarette. La flamme de mon vieux briquet, made by Picasso. Il rit de mon émotion et les autres ne comprennent rien à notre manège. Il ajoute qu'autrefois, à Venise, une femme n'était belle que si on lui voyait couler le vin dans la gorge. Je lui réponds qu'il ferait mieux de m'empêcher de boire et de fumer.

— Le vin, ma chère, vous va mieux que l'eau bénite. Te rappelles-tu que nous nous sommes rencontrés à une époque où tu jouais à être révolutionnaire ? Mais peut-être l'étais-tu vraiment.

Avec toi, on ne peut jurer de rien. Tu faisais partie de ce groupe insensé... J'ai oublié le nom...

— Contre-Attaque.

— C'est ça, Contre-Attaque. Tout un programme... Tu étais en bonne compagnie, avec tes amis surréalistes et le fameux Bataille.

— Tu oublies le plus important. Il y avait Paul Eluard avec nous. Comment peux-tu oublier notre cher Paul ?

— Non seulement je ne l'oublie pas, non seulement je ne peux pas l'oublier, mais je ne supporte pas d'entendre prononcer son nom. J'ai perdu avec lui l'être qui m'était le plus cher. Te rappelles-tu la photo que tu avais faite à Mougins, à l'hôtel Vaste-Horizon ? Lui et moi sur la terrasse. Nos visages et nos corps rayés par l'ombre des canisses, comme vus à travers un store. J'ai cette photo sous les yeux en permanence à Vallauris. Dis-moi pourquoi lui, lui que j'aimais, pourquoi m'a-t-il aussi abandonné ? Je ne veux pas de ton Dieu, Dora, je n'en veux pas. Il m'a pris Apollinaire. Il m'a pris Eluard.

— Il te les rendra peut-être un jour.

— Paroles de bonnes sœurs ! Tu n'allumais pas encore les cierges du temps de *Guernica*, mais moi, je t'ai faite porteuse de lumière. Il s'agissait d'une autre lumière. Ne me parle pas de sauver mon âme. C'est sauver ma peau que je veux. A Diên Biên Phu, est-ce que ce ne sont pas les corps qui explosent, les peaux qui craquent, les chairs qui puent ? Et il faudra encore et encore des charniers pour arriver à faire disparaître de la surface de la terre cette pourriture coloniale, engraissée de piastres, aspergée d'eau bénite. Ne me parle surtout pas de mon âme, Dora.

Les troupes françaises se trouvaient prises au piège. Elles seraient vaincues quelques jours plus tard. La catastrophe est en marche, et, des deux côtés, les hommes tombent la tête dans la vase. Aussi Picasso a-t-il ramené la guerre au centre de la conversation, forçant le ton pour mieux souligner ce que cette évocation a d'obscène en ce lieu, à cette table, parmi ces convives. La boue, la souffrance, la mort, font soudain leur entrée au château de Castille où elles n'ont pas été conviées. Et c'est lui, lui Picasso, lui le communiste, qui introduit dans la salle à manger les combattants viets. Dix-huit ans après *Guernica,* neuf ans après *Le Charnier*, il reprend du service et il veut m'enrôler à ses côtés. Personne ne se risque à le contredire. Et, dans la riche demeure baroque, où toute la peinture du XXe siècle défile en rangs serrés, on lève son verre de pétrus en l'honneur des combattants du Viêt-minh. Pour plaire à Picasso que ne ferait-on pas ? Dobri Tchass ! Zbogom !

Il me dit viens. Le maître de maison s'est levé et nous encourage à quitter la table. Il brise cependant notre élan en demandant à l'Artiste de dessiner quelque chose dans le livre d'or. On l'oblige à redevenir l'institution Picasso. Il aurait mauvaise grâce à ne pas répondre à une telle demande, formulée en un tel lieu, tant son œuvre semble avoir toujours habité le château. Elle y règne.

Avec le stylo qu'on lui tend, il trace quelques lignes verticales qu'il coiffe de frisures entortillées. Surgit alors l'enfilade stylisée des colonnes.

Baroque, le château, et imposant dans ses perspectives. L'Artiste se montre généreux avec son hôte. Il lui parle de sa maison, donc du maître de la maison. A l'arrêt dans la meilleure auberge, on ne confie pas au livre d'or ses états d'âme, on souligne la qualité de la cuisine et de l'hospitalité. Picasso fait sortir de la page le hiéroglyphe du château de Castille. Et nous, modestes vassaux, nous ajoutons tous notre signature à celle du seigneur.

— Quelle belle œuvre ! s'exclame Douglas Cooper. Et quelle belle compagnie ! Merci, merci à tous.

— Je suis seul, grommelle Picasso. Parlez-moi encore de belle compagnie ! Je ne me suis jamais senti si seul que depuis cette année.

Il se tourne vers moi, et, sur le ton de la confidence : « Je n'ai jamais vécu comme ça. Je n'ai jamais vécu sans femme. Je n'en peux plus de cette solitude. Elle m'épuise. » De nouveau, il me prend par la main et m'entraîne à sa suite. Nous traversons l'immense pièce comme dans un ralenti de cinéma. Conscient d'un événement qui m'échappe tout à fait, le public nous suit des yeux. Je sens la convergence de tous ces regards, et, loin de me gêner, elle me semble douce comme une caresse. Nous nous arrêtons loin des autres. Les regards sont toujours sur nous. Lui et moi, gravure pieuse et ressuscitée. J'ignore ce qui va advenir. Je ne peux y penser. Je ne sais même pas que cet instant-là est comme suspendu et que de lui dépend le reste de ma vie. Les autres le savent, moi non, pas encore. Je ne suis pas en moi, je suis à peine avec toi. Je suis comme les autres, je nous regarde.

Nous sommes à cet instant-là l'image sulpicienne de notre amour. Tu vas sans doute me dire ce que j'attends depuis si longtemps. Il ne reste plus qu'à dessiner la bulle dans laquelle les mots décisifs, les tiens bien sûr, vont s'inscrire. La parole est... Mais tu ne dis mot. Tu me regardes et tes yeux n'ont plus rien de l'enfance. Ce sont des yeux que je ne connais pas encore et que je retrouverai plus tard, quand toi, tu auras disparu pour toujours. Ce sont les yeux de ton dernier autoportrait, exorbités par la proximité d'une mort que tu veux regarder en face. Non seulement, tu ne me dis rien, mais tu me tournes le dos brusquement, avant de m'abandonner encore une fois. Il s'agit en effet d'un abandon. Tu refais en sens inverse la traversée de la grande salle. Tu es seul avec ostentation, tandis que je me morfonds à l'autre bout de la pièce dans une solitude qui vaut bien la tienne. Les conversations ont du mal à repartir et les regards à nous lâcher. Tu as voulu des témoins, tu les as. Te prends-tu pour le matador ou pour le taureau ? Je ne suis pas sûre que tu n'aies pas laissé quelques tripes dans l'arène, comme le cheval, du temps où il n'était pas encore caparaçonné.

Pourquoi ce revirement ? Pourquoi as-tu voulu m'entraîner à l'écart ? Quel secret voulais-tu me faire partager ? Pourquoi t'es-tu ravisé ? Et si tout cela, que j'ai vécu dans un rêve, n'était qu'un piège ? Et si tu avais voulu montrer devant tout le monde que tu n'avais rien perdu de ton ascendant sur moi, qu'il suffisait que tu parles pour que j'obéisse comme une marionnette ? Quand d'autres femmes ont réussi à échapper à ton emprise, ne désirais-tu pas faire la démonstration publique de ton pouvoir sur moi ?

Les amis ont repris leurs conversations et je reste seule à contempler ce nouveau désastre. A peine ai-je décidé de me rapprocher du groupe que ta voix vient à ma rencontre. Elle a soudain quelque chose d'artificiel : « Ton ami me dit que vous comptez faire étape en Bourgogne, chez Balthus. Quelle superbe idée ! Balthus, voilà quelqu'un qui me plaît. Il y a plus de vingt ans que nous nous connaissons et j'ai une belle toile de lui chez moi. Tu le sais, ma douce, nous étions ensemble quand je l'ai achetée. Je vais vous accompagner chez Balthus. Dora, tu monteras avec moi dans l'Hispano et ton fiancé nous suivra avec les bagages. C'est une bonne idée, n'est-ce pas ? Tu te rappelles, Dora, le Vaste-Horizon ? Ce sera de nouveau comme à Mougins. Balthus voudra nous retenir et nous ne nous ferons pas prier. C'est le printemps, nous irons tous dormir dans les champs. Peindre sur le motif, non merci, c'est pas notre genre. Mais dormir, oh, dormir, dans le château de Dracula, au fin fond de la Bourgogne... Au réveil, du vin épais et du saucisson à l'ail ! Paulo nous conduira. Paulo, l'as de l'Hispano et le grand organisateur de toutes mes fêtes. Il me suffit de siffler et Paulo saisit aussitôt ce que je veux. N'est-ce pas, Paulo, que nous ne nous sommes jamais si bien entendus ? »

Paulo est le fils d'Olga et de Picasso. Il est devenu le chauffeur de son père quand Marcel a été congédié après dix-huit ans de service. Une nuit, Marcel a eu le malheur d'emprunter sans rien dire l'Oldsmobile blanche que le marchand américain Kootz venait d'offrir à son maître. Sur la route de Deauville, il a eu un accident. Dès le lendemain, Picasso lui a annoncé que, n'ayant plus de voiture, il n'avait plus besoin de chauffeur. En fait, il lui restait l'éternelle Hispano. Elle permit au fils d'entrer au service du père. La décision ne fut bonne ni pour l'un ni pour l'autre.

Picasso s'enflamme de plus en plus pour son projet de visite à Balthus et il cherche à me convaincre. Il n'y voit que des avantages. Ne serais-je pas, comme autrefois, avec lui dans l'Hispano ? Il me supplie d'accepter, multipliant les éclats d'un rire qui devient sardonique par sa répétition. Je sens combien il serait satisfait d'humilier mon ami, en le reléguant dans la voiture suiveuse.

— Votre idée est excellente, dis-je.

— Vous voyez ! Nous allons téléphoner à Balthus pour le prévenir.

— Il n'a pas le téléphone.

— Alors, faisons-lui la surprise ! Nous serons si bien ensemble dans l'Hispano.

— Nous nous retrouverons chez Balthus. Je ferai la route avec mon ami comme il a toujours été prévu.

— Ça n'a pas de sens !

— Vous trouvez ?

— Pourquoi avec lui ? Vous n'êtes ni mariés, ni fiancés, ni rien du tout. Mais enfin, regarde-le, il est bien incapable d'être ton mari ! Ce n'est pas un homme pour toi, ce n'est pas un homme du tout ! Tout ça est ridicule ! Si tu veux voyager avec lui, alors grand bien te fasse ! Moi, je retourne à Vallauris. Allez, en route, Paulo, nous en avons des kilomètres à faire, et, même si personne ne nous attend, il faut arriver avant le jour. J'espère que les Tziganes vous auront plu. J'en emmène deux ou trois pour qu'ils nous tiennent éveillés sur la route. Dobri Tchass ! Zbogom !

Il est parti et la vie s'est retirée. Ils l'ont tous suivi jusqu'à sa voiture pour mieux le supplier de rester un moment encore. Je suis certaine que leurs implorations n'y feront rien. Il a décidé de partir, il partira. Ses coups de tête, provocations et autres revirements, sont sa loi. Seul l'ami est resté à mes côtés et il ressemble plus que jamais à un confident de tragédie. Nous n'osons pas nous regarder. Les humiliations que Picasso lui a infligées lui pèsent moins que son involontaire responsabilité dans la colère du maître et dans son soudain départ. Il se tourne vers moi : « Si vous voulez partir, Dora, faites-le vite. Je peux très bien vous suivre ou même rentrer directement à Paris sans faire l'escale prévue chez Balthus. Allez-y, Dora, si c'est ce que vous voulez... »

J'ai dû répondre que c'était trop tard. Picasso était parti. De toute façon, il serait parti. Le lendemain, le surlendemain. Il serait parti du château de Castille ou de celui de Balthus. Il se serait de nouveau détaché de moi et je n'avais plus de pansements disponibles. Il est trop tard. Au loin, la musique a repris. Un mirage sonore ? Les tziganes qui devaient l'accompagner sur la route semblent se rapprocher. L'espoir, l'espoir fou, l'espoir insensé ! S'est-il ravisé ? Revient-il sur ses pas avec les musiciens qui lui font escorte ? Lui reste-t-il quelque chose de son amour d'autrefois ? Naguère, ne m'a-t-il pas un peu aimée ? Je suis enfin arrachée à mon immobilité. Je cours. Je cours à travers les grandes pièces du château. Je sors enfin du labyrinthe. Je vais au-devant de lui qui s'élance au-devant de moi. Peut-être allons-nous nous rejoindre. Ce n'est pas un rêve cette fois, même pas un cauchemaar. Je suis sur le seuil et je ne trouve encore une fois que la nuit.

Les invités remontent les marches comme à regret. Ils sortent de l'obscurité et leurs visages n'expriment plus que la fatigue. La fête est finie. Les Tziganes continuent sans conviction. Je déteste à ce moment-là leurs sonorités qui ne savent que jouer sur les nerfs. L'Hispano a bel et bien démarré en trombe. Après avoir demandé aux musiciens de l'accompagner jusqu'à Vallauris, il les a fait éjecter de sa voiture.

Je ne le reverrai plus. Le vide est désormais définitif.

XV

Dimanche, 8 avril. Dimanche de cette même année 73 qui s'achèvera dans quelques jours. Dimanche dont l'écho se répercutera en moi jusqu'à la fin de mes jours. J'ai reçu un coup de fil d'une amie dans l'après-midi de ce 8 avril. Il devait être quinze heures. Elle m'a dit qu'un flash spécial venait d'interrompre les programmes de télévision. Il annonçait la mort de Picasso dans sa maison de Notre-Dame-de-Vie, à Mougins. Elle a voulu me prévenir pour que je n'apprenne pas la nouvelle trop brutalement. Je la remercie. Elle semble s'inquiéter pour moi. Je lui réponds que je ne suis pas surprise. On m'avait rapporté qu'il s'affaiblissait depuis quelques semaines. Je lui demande pourtant si l'information a été confirmée. Elle dit que sa mort semble officielle mais qu'on ne sait jamais. Elle se propose pourtant de venir sur-le-champ me tenir compagnie rue de Savoie. Je la rassure. Je vais bien. Je préfère être seule pour prier.

J'ai raccroché et je ne me suis pas jetée à genoux. Je n'ai même pas ouvert tout de suite la radio afin de vérifier l'information. J'ai laissé un espace dans la durée. Je ne peux rien faire d'autre. Je suis vide. Secondes ou minutes ? Je ne sais. Je n'entends plus mon cœur battre ni ma tête penser. Les femmes d'autrefois n'avaient-elles pas coutume de s'évanouir à la moindre émotion ? Celle-ci n'est pas des moindres et je ne m'évanouis pas. Cependant mon corps et mon esprit se taisent. Se préparent-ils à accepter le pire ? Y consentent-ils déjà ? Et si cette rémission qui m'est accordée n'était que le reflet de la sienne, là-bas, à Notre-Dame-de-Vie ? Peut-être est-il encore vivant ? Peut-être sa mort n'a-t-elle d'autre réalité que celle d'une rumeur incontrôlable ?

Quand je sors de ma léthargie, c'est pour me lancer à la recherche de ma radio. Je ne la trouve ni à l'atelier ni au salon. Je pousse comme une somnambule la porte de la cuisine sur laquelle se trouvent toujours les lettres rouges, tracées par Picasso : Défense d'entrer ! A côté de l'évier, entre une assiette sale et un couvercle de casserole, le poste à transistors attend de livrer son message. Toutes les stations parlent de lui. Je passe de l'une à l'autre. La France, puis la BBC, une radio italienne, une suisse, une autre encore. Partout, j'entends son nom, l'imprononçable nom de mon amour, le nom de celui que je ne reverrai jamais, le nom de l'homme que j'ai vu pour la dernière fois, il y a dix-neuf ans, au château de Castille. On dit qu'il est mort ce matin, à onze heures quarante. Il avait quatre-vingt-douze ans.

Tu m'as tout donné. Tu m'as tout pris. En ce jour du 8 avril 73, tu m'as pris jusqu'au deuil de mon père. Il n'a pas disparu depuis longtemps, M. Joseph Markovitch. A peine quatre ans. Avec mon père, nous allions tous les dimanches déjeuner ensemble au restaurant de l'hôtel Lutétia. Il disait que j'étais son enfant du dimanche. Et c'est un dimanche, précisément, que ton cœur a cessé de battre, mon amour. Ce dimanche a effacé ceux qui l'ont précédé. Je suis depuis toujours orpheline puisque tu n'es plus. Sais-tu pourtant que ta mort ne fait pas que me désespérer ? Je sens qu'un jour, je pourrai disposer de toi en esprit avec une liberté que plus personne ne me disputera, et surtout pas toi.

Où es-tu, mon aimé, mon âme, mon petit ? Où es-tu en ce moment ? Vers quoi es-tu en marche ? Tu as déjà tant marché au cours de tes quatre-vingt-douze années que tes pas de géant t'ont amené à tout imaginer sans prendre le temps de respirer. Dans l'amour, dans l'art et même dans l'arène, tu ne cessais d'inventer. Il n'y avait jamais de répit. Ton travail était sans fin. Malaxer la matière. Torturer l'esprit jusqu'à lui faire rendre son suc. Tu étais l'enfant qui découvre le monde que son regard crée.

A présent, n'es-tu pas devenu fragile ? Je te vois marcher dans cet entre-deux où la vie est morte, où la mort n'est pas encore vivante. Et puis, nous sommes quelques-unes à vouloir retenir tes pas. Le poids de notre amour s'accroche à toi et nous n'acceptons pas de te voir partir. Tu n'es pas un homme qu'on regarde de dos. Tu n'es pas un homme dont on ferme les paupières. Autrefois déjà, ton sommeil me faisait peur. Je ne pouvais supporter que ton regard soit occulté, même par tes paupières. Je n'ai jamais voulu te photographier quand tu dormais. C'eût été un meurtre et une profanation. J'aimais en revanche que ton plaisir agrandisse ton regard jusqu'à la béance. Si j'avais été ta veuve, je ne t'aurais pas fermé les yeux. J'aurais préféré te voir regarder la mort en face, comme dans ton dernier autoportrait. On ne fermait pas les yeux des morts dans l'ancienne Egypte, on les ouvrait. Les tiens, mon amour, contenaient tout le visible. A cette heure, est-ce que le visible rencontre enfin l'Invisible ?

Je n'irai pas à Mougins me recueillir sur ta dépouille. Je n'irai pas à Vauvenargues pour ton inhumation. Au reste, on ne me laisserait pas entrer. A quoi bon vouloir regarder une dernière fois un corps que tu as cessé d'habiter ?

Il est encore trop tôt pour te rejoindre dans les mots de la prière. Je répugne à te savoir mort. Je vais emprunter les mots du poète. Je me souviens de Paul. Je me souviens de Nush. Je me rappelle nos étés de ce même Mougins où tu es mort. Je me rappelle l'amour qui allait comme l'écho de l'un à l'autre. En ce temps-là, nous étions immortels, tous les quatre. Et c'est Nush qui est partie la première. Quand le sang ne gicla pas, Eluard dut se résigner. Sa toute belle était morte :

Mon amour mon petit ma couronne d'odeurs
Tu n'avais rien de rien à faire avec la mort...

La légende commence. On te croyait un diable, c'est à un dieu que tous les commentateurs rendent hommage. Un dieu qui acquiert en mourant le pouvoir de déchaîner les éléments. On n'a jamais vu pareil tumulte sur cette rive de la Méditerranée, de plus à l'heure du printemps. L'annonce de ton départ a mis la Provence cul par-dessus tête. Déjà à Mougins et tout autour de Notre-Dame-de-Vie, la tempête fait rage. Des trombes d'eau entraînent à leur suite de longues coulées brunes de terre et de boue. Ton cortège funèbre a dû attendre pour quitter Mougins que la route soit déblayée. Le lendemain matin, quand les voitures approcheront de Vauvenargues, la neige aura recouvert tout le paysage de ta dernière demeure. Ce n'est plus le printemps provençal mais l'hiver des Carpates. Et toi, qui ne voulais pas de funérailles nationales à la Georges Braque, il faut cependant que ta dépouille sollicite l'aide des chasse-neige. Ils vont t'ouvrir la voie jusqu'à ton château du bout du monde. Les marteaux-piqueurs commencent tout juste à creuser la pierre sous l'escalier, à l'endroit précis où tu dois reposer. Il te faut attendre qu'ils aient fini leur ouvrage.

Tout cela est déjà légendaire. Les récits ne sont pas faits par des témoins oculaires. Si le monde entier parle de toi, rares sont ceux qui t'ont accompagné dans ton dernier voyage, qui n'est en vérité que l'avant-dernier, le pénultième. J'apprendrai plus tard qu'on a refusé à Marie-Thérèse l'entrée de Vauvenargues, et tes enfants, Maya, Paloma et Claude, ont été volontairement tenus à l'écart. Ils n'ont pu assister que de loin aux obsèques de leur père. Dans la douleur, ils se sont réfugiés au sommet de la colline voisine.

Décidément, rien ne te ressemble dans ces obsèques. Le froid, l'aridité, l'isolement. Rien ne pouvait te ressembler. Tu n'avais rien de rien à faire avec la mort...

Nous nous sommes vus pour la dernière fois au château de Castille. Il y a dix-neuf ans. J'aime évoquer les chiffres car, en ce qui nous concerne, ils ne signifient pas grand-chose. Ces dix-neuf années ne m'ont pas plus séparée de toi que les huit ou neuf qui les ont précédées, où nous ne vivions déjà plus ensemble. Pourquoi la mort déferait-elle ce que la vie n'a jamais entamé ? C'est hier que j'ai appris la nouvelle de ta disparition. Je n'ai pas dormi de la nuit. J'ai essayé de me coucher et je me suis relevée peu de temps après, voulant t'accompagner à distance vers ce qui n'a pas de nom. J'ai même allumé des bougies devant tes tableaux. On se serait cru dans l'iconostase d'une église orthodoxe.

Ce n'est pas le désespoir qui me tient éveillée. Ce n'est pas encore lui. Sans doute arrivera-t-il plus vite et plus fort que je ne le redoute. Je suis pour l'instant dans cet état d'exaltation de l'épileptique qui sent approcher la crise. Je sais ce qu'il y a de trompeur et de morbide à se complaire dans les excès de la passion, à faire jouer sur ses tendons l'archet fou de quelque crin-crin tzigane. La volupté du pire vous scie les nerfs. Thérèse, la grande petite Thérèse d'Avila, a mis en garde ses filles. Les pâmoisons et les tortures d'amour ne sont pas le plus sûr chemin vers l'extase. Il est préférable d'oublier sa propre chair, les plaisirs comme les souffrances. Mais comment y parvenir ? N'est-ce pas le Christ lui-même, qui a poussé au Jardin des Oliviers le plus humain des cris ?

Père, pourquoi m'as-tu abandonné ? Et moi, simple mortelle, je m'exalte de pouvoir offrir à Dieu tous les abandons dont j'ai souffert. Il a fallu que chaque fois je me guérisse de toi. Je ressemble à ces grands brûlés aux corps de momie, bruns et calcinés. J'ai crié trois fois, pourquoi m'as-tu abandonnée ? La première, tu m'avais quittée pour une autre. La deuxième, c'était au château de Castille, où tu t'étais manifesté pour mieux disparaître à tout jamais. Ton dernier abandon date de vingt-quatre heures et celui-là scelle définitivement mon destin.

D'abandon en abandon, ma douleur s'est émoussée et j'ai le sentiment de m'être aguerrie. Peut-être n'y a-t-il plus rien à me prendre. N'étais-tu pas plus absent dans la vie que tu ne l'es dans la mort ? Sur la toile, mes paysages se simplifient, et, même quand je m'en vais peindre dans les champs, ils confinent à l'abstrait. Sous le soleil de Ménerbes comme près d'Avila, la lumière arase les contours, brûle la peau, anesthésie les émotions. A la fin, lorsque tout a été enlevé, l'amour, les sentiments, l'imagination, il ne reste que l'abstraction. Toi, tu ne voulais pas en entendre parler. Tu te sentais trop vivant pour être tenté par elle. Tu la voyais comme le gouffre du néant. Et pourtant, sans la rechercher, tu m'as aiguillée vers elle en me privant de ta présence. A quoi bon figurer le monde puisque tu n'en fais plus partie ? Ton absence me soustrait à toute réalité. Sans toi, il n'y a plus pour moi de figure et plus de figuration. Je n'ai pas su recueillir sur mon voile de deuil l'empreinte de ton cher visage. Je ne suis pas Véronique et tu n'étais pas le Christ. Je continuerai à faire le geste de peindre comme je fais celui de la prière. Ni les mots ni les couleurs ne comptent. Il faut que j'arrive à l'indifférence parfaite. L'univers n'a pas plus d'existence que je n'en ai. Je veux abolir cette réalité que j'ai trop adorée.

Facile à dire. Sur le papier, les mots se révoltent, et, sur la toile, les couleurs échappent à la main. Je voulais m'effacer et je reste Dora Maar. On m'a tout pris puisqu'on m'a pris celui que j'aimais. On m'a pris celui que j'aime, mort ou vif. J'ai beau égrener les mots de la prière, allumer les cierges, me vouer aux formes éthérées de l'abstraction, malgré moi, ma main sculpte la rébellion et mon esprit s'égare loin des cantiques. Pourquoi ai-je vécu tout cela pour le perdre à jamais ? Pourquoi vivre alors que les raisons de vivre ont disparu ?

La révolte en moi ne parvient pas à se taire. On m'a jetée par-dessus bord, mais je ne coule pas. La vague ne m'a pas encore submergée. Je tends les bras vers le bastingage. Je pense à *Guernica*. Cette femme à la droite de ton tableau qui lève les bras en direction d'une maigre lucarne. C'est le geste archaïque de l'imploration. C'est le cri véhément de la révolte. Quel dieu invoquer quand Dieu vous a ôté l'amour ? quand Dieu vous condamne à poursuivre une vie sans vie ?

Tu n'es plus là, mon amour, et le monde entier célèbre ton génie. Et moi, moi Dora Maar, que le feu de ton regard et l'intelligence de ta main fascinaient, je ne retiens pour l'heure de ce géant que tu avais rebaptisé toi-même Yo Picasso que la forme ardente de celui que j'aimais. Mon amour mon petit ma couronne d'odeurs. Je me roule dans ton souvenir. Je le fais réalité. Et qu'on ne me parle pas d'abstraction ! Cela fut. Cela doit être. Cela doit rester. C'est moi qui l'ai vécu et pas une autre. Dieu n'osera pas me le prendre. Pourquoi diable me le réclamerait-Il ? L'art n'est-il pas l'antichambre du Paradis ? J'ai fait d'une antichambre une chambre et du plaisir un chemin vers la connaissance. Disant cela, je ne suis pas sacrilège. Il n'y a pas à se repentir d'avoir aimé. Je sais en revanche qu'il faudra un jour ou l'autre faire taire en moi ce moi qui n'en finit pas de se révolter pour mieux afficher son existence. Ce moi qui se confie, se complaît, s'épanche et se gonfle. Ce moi qui aime écrire au présent pour se donner une dernière fois l'illusion de ta présence réelle, réelle comme celle du Christ sous les espèces du pain et du vin.

C'est étonnant, depuis que j'ai appris la mort de ton corps, je me soucie moins de ton âme. Avant, je me sentais responsable de ton salut et m'en inquiétais. Je me prenais pour Elvire et je te croyais Dom Juan. Après l'annonce de ta disparition, curieusement, cette angoisse s'est calmée. Sans doute n'y a-t-il plus rien à faire.

J'ignore ce que furent tes dernières pensées, mais elles ne devaient pas être consacrées à la contrition. Loin de regretter ce que tu avais fait, sans doute déplorais-tu ce que tu n'avais pas eu le temps de faire. Je t'ai toujours vu te projeter vers l'avenir, le plus souvent dans un avenir très proche, celui de l'acte pictural suivant. Tu n'avais aucune raison de demander pardon. Il aurait fallu pour cela que tu connaisses le remords et cette nostalgie du passé qui t'était tout à fait étrangère. Le peintre était sans repentir, l'homme aussi. La régurgitation du passé, non, merci beaucoup. Ce n'était vraiment pas ton genre. Aurait-on tenté de te prendre la main dans le sac, que tu étais déjà ailleurs, avec une autre femme, une autre œuvre sur le feu. Tu n'avais pas de temps à perdre avec les regrets. Le monde t'attendait. Tu sentais monter son impatience. Ne devait-il pas être chaque jour réinventé ? C'était ton travail, Pablo Ruiz Picasso. Celui que tu t'étais fixé une fois pour toutes.

Je ne t'imagine pas le dos au mur. Tu n'avais rien de rien à faire avec la mort. Je ne peux pas te croire privé d'avenir, ton regard ardent soudain aveuglé par la dernière borne qui ferme à jamais le paysage. Je ne te vois pas, même à ce moment-là, le dernier, te retourner vers ton passé pour te repentir. Mon petit, mon amour, ma couronne d'odeurs. Je ne t'imagine pas à l'heure ultime réclamant la présence d'un prêtre qui viendrait t'administrer l'extrême-onction et je crains qu'on ne te l'ait pas proposée. Je peux le déplorer sans en faire une idée fixe, encore moins une obsession. Les voies du Seigneur sont impénétrables et celles qu'emprunte le génie mènent peut-être de manière plus rapide et plus directe à Dieu. Maintenant que la métamorphose s'est en toi accomplie, j'ai le sentiment que tout le corps d'Eros est devenu onction. Comment le Créateur pourrait-il ignorer l'âme de son grand démiurge, le nommé Picasso ? l'âme de son empêcheur de regarder en rond ? N'étais-tu pas, Pablo Picasso, le sel de la terre ? Quelle fadeur depuis que tu n'es plus !

Ce matin, le deuxième après ta mort, la radio a annoncé qu'il avait encore neigé dans le Midi. Vauvenargues est sous ton linceul. A Paris, il fait froid mais le ciel est clair. J'ai marché des heures, m'arrêtant dans chaque église pour prier. Au reste, je n'ai besoin pour prier ni de m'agenouiller ni d'entrer dans un lieu de culte. Mes mots et mes pensées, surtout depuis que tu es mort, s'enchaînent d'instinct et me conduisent de toi à Dieu. C'est une noria qui semble ne pas vouloir s'arrêter et qui rétablit en moi une sorte d'équilibre vital comme le font dans le corps les cycles du sang et de l'oxygène. Toi, moi, Lui. La machine tourne.

Je suis passée devant un cinéma. On donnait *Le Dernier Tango à Paris* et les photos de Marlon Brando m'ont attirée. Je me suis bien sûr souvenue de ce dîner au Catalan, ce devait être à la fin de l'année 44. Nous avions été stupéfaits par la beauté de ce tout jeune marine, vingt ans à peine, qui dînait avec notre ami Balthus à quelques mètres de nous. J'ignore où Balthus avait déniché ce soudard angélique, alors totalement inconnu, dont la splendeur laissait sans voix. Il ne s'était à l'époque produit que dans une troupe d'amateurs du Nebraska. C'est dire s'il était vierge de toute renommée ! Il suffisait pourtant de le regarder pour être convaincu qu'il brillerait un jour, star parmi les stars. Son masque romain avait à la fois de la densité et de la grâce. On devinait sous l'uniforme un corps d'athlète et les muscles intelligents du grand félin.

Plus tard, je le verrai paraître avec son tricot de corps troué qui lui vaudra un renom universel, dans le film d'Elia Kazan, *Un tramway nommé désir*. J'écrirai sur-le-champ à Balthus, le félicitant pour son discernement. L'inconnu du Catalan était devenu le plus grand des comédiens. Je me rappelle aussi qu'avec Balthus, nous avons en Bourgogne parlé de Brando. Je venais de perdre ton amour pour la deuxième fois, mais je ne voulais pas infliger ma souffrance aux autres. J'avais alors évoqué le film de Mankiewicz, *Jules César*, que j'avais vu quelques semaines plus tôt. Balthus pouvait se flatter d'avoir su deviner sous l'anonymat de l'uniforme une icône à la lumière chatoyante, tantôt voyou sudiste, tantôt Marc Antoine shakespearien.

Je ne m'étonne guère de croiser Marlon Brando après notre troisième séparation. Au Catalan, n'était-il pas apparu à l'heure des premières déchirures ? Je le rencontre cette fois après ton départ définitif. Il est devenu dans l'interprétation ce géant solitaire que tu étais, que tu es, dans la création. Il est loin le temps du Catalan. Il n'y a plus de Catalan. Il n'y a plus de Grands-Augustins, puisque tu n'y as pas remis les pieds depuis 55. Je crains d'y découvrir bientôt une plaque commémorative. Cette perspective me remplit d'effroi. Après ton départ, Paris est devenu abstrait.

Ne suis-je pas un fantôme dans ce quartier que tu as déserté depuis longtemps ? On m'a dit, en effet, que tu n'étais jamais revenu à Paris depuis ton passage éclair aux Grands-Augustins dans le courant de l'année 55. Sauf une fois pour être hospitalisé, une nuit ou deux. Nos rues respectives se rencontrent toujours et forment un angle droit. C'est là que chaque jour nous nous rejoignions autrefois à l'angle de leur angle, à l'intersection de ces deux rues qui ne peuvent s'éviter et qui ne désirent pas se fuir. Je suis aujourd'hui le piéton solitaire, celle qui se souvient. Au reste, s'agit-il seulement de se souvenir ? Je dirais plutôt de prolonger ce qui ne peut être interrompu. Je n'ai pas cessé de vivre avec toi bien que tu m'aies quittée longtemps avant ta mort.

C'est ta main qui m'a faite à ta guise sur la toile, et, à présent, ce sont des pans entiers de toi-même que je détiens rue de Savoie. De même, j'ai fait de toi ma propre chair. Je t'ai absorbé. Sois confiant, mon amour, je connais les mystères de l'eucharistie. Et quand je marche dans ce qui fut notre quartier, je marche pour toi. Je marche avec toi et tu marches en moi. Le fantôme que je suis devenue joue au piéton solitaire, alors qu'il est en fait double. Ta mémoire est logée en moi, ton corps aussi.

Au château de Castille où je t'ai vu pour la dernière fois, il y avait dans ton regard une angoisse que je n'avais pas découverte chez toi auparavant. Ce n'était pas seulement la peur d'avoir à vivre sans femme. Françoise venait de te quitter et d'emmener vos enfants. Il y avait dans tes yeux quelque chose d'autre qui me surprenait et qui me donnait plus que jamais l'envie de te bercer. Non de te consoler, je devinais que tu ne serais plus consolable, mais de te bercer. Trois ou quatre semaines après le château de Castille, tu as trouvé une nouvelle compagne — elle deviendra ta femme à la mort d'Olga qui n'avait jamais accepté de divorcer —, la lueur d'effroi n'a pas pour autant disparu de ton regard. On dirait même qu'elle s'est agrandie. J'examine dans les journaux les nombreuses photos de toi qui sont publiées. Quand tu ne te dissimules pas derrière des pitreries, la lueur inquiétante envahit ton regard et impressionne la pellicule. Tu n'avais rien de rien à faire avec la mort. Rien de rien. Et tu la devines, tu la vois venir d'abord de très loin, ensuite de plus en plus près. Chaque jour, elle gagne. Chaque photo de toi me fait mal. Non qu'elle me rappelle notre rupture, je n'ai pas besoin pour cela d'aide-mémoire, mais elle porte témoignage de ton combat contre le travail de la mort. Ton œuvre sait chaque fois triompher d'elle. Ton œuvre rit, jouit, vit. Ton œuvre ne s'est jamais si bien portée. Tes yeux seuls avouent le prix du combat. Ils ont parfois la fixité de ceux de ton dernier autoportrait. Ta violence de prédateur semble s'être retournée contre toi-même.

C'était en 56 et Picasso venait d'avoir soixante-quinze ans. Je savais que, depuis longtemps, les anniversaires avaient cessé d'être pour lui une fête. Celui-ci n'arrivait pas au meilleur moment. La Hongrie se révoltait et bientôt Budapest deviendrait sous les tanks soviétiques un autre *Guernica*. Picasso signerait alors une lettre interpellant un parti communiste auquel il ne cesserait pourtant jamais d'appartenir. Cet anniversaire tombait mal, aussi n'y aurait-il aucun tapage officiel organisé par le PCF. On n'avait pas la tête à ça.

A cette époque, je me prenais encore pour Elvire, et j'imaginais que mes affectueux rappels à l'ordre pourraient ramener l'âme aimée et retorse à s'interroger sur elle-même, voire à se repentir. Je lui fis parvenir dans sa maison de la Californie, à Cannes, où il venait de s'installer, l'ouvrage d'un dominicain dont la réflexion philosophique et religieuse paraissait pouvoir l'intéresser, à défaut de le convaincre. Pour être tout à fait sincère, je crois qu'à la volonté de sauver son âme s'ajoutait le désir plus obscur et plus vivace de maintenir un lien qui m'était cher. Tout égarée qu'elle était, la brebis me semblait toujours aimable.

Il se trouve qu'un journaliste anglais était à la Californie le jour où le livre arriva et qu'il fut chargé de remettre à Picasso mon cadeau. Il écrivit dans l'*Evening Standard* le récit de cette rencontre dont je ne pris connaissance que plusieurs mois après la publication, un ami m'ayant envoyé l'article. Je ne fus pas mécontente de l'effet qu'avait produit mon cadeau d'anniversaire :

« J'éprouvai de l'appréhension au moment de la rencontre craignant que Picasso ne le reçoive en plaisantant sur les efforts qu'elle déployait pour le convertir. Mais rien de tout cela n'arriva. Ses yeux brillaient de plaisir lorsqu'il se saisit du livre broché.

« Cette scène fut immédiatement suivie d'un grand tumulte. Il semblait courir dans une demi-douzaine de pièces à la fois tandis qu'il appelait à grands cris sa compagne du moment, Jacqueline Roque : “Viens tout de suite ! Où es-tu ? Je viens de recevoir un cadeau de Dora.” »

Plus tard, j'ai cessé de me vouloir Elvire. Tu n'étais pas Dom Juan. Pourquoi ton âme aurait-elle été en péril ? Ta prière se confondait avec ta création, avec ta vie, avec la vie. Tu n'étais plus tout jeune, mais le jaillissement chez toi ne s'arrêtait pas. Il était encore plus fulgurant avec l'âge. Les esprits chagrins retenaient contre toi un érotisme trop glorieux. Ils ne voulaient pas comprendre que ta sexualité te permettait d'interroger et de saisir la vie. N'étais-tu pas entré dans la matière de la peinture en interprétant à ta guise *Les Ménines, Le Déjeuner sur l'herbe* ou les *Femmes d'Alger* ? C'était chez Vélasquez, chez Manet, chez Delacroix, le même élan vital que dans cette séquence de vingt et une gravures où tu montrais, triomphant, un Raphaël dans tous ses états. Ces dernières œuvres firent un beau scandale. On avait pourtant pris soin de les enfermer sous clé dans une salle privée de la galerie Leiris, tant on craignait une descente de police. Tu étais de retour dans ton quartier, mais seulement à travers tes œuvres et d'une manière presque illicite. L'amusant est que l'exposition chez les Leiris avait lieu quelques mois après les événements de mai 68 et que le jeune homme dont on craignait les débordements sexuels approchait de ses quatre-vingt-dix ans. La vie, tu étais la vie. Et tu étais l'art. L'un sur l'autre enté. L'un et l'autre ne faisant qu'un. Jusqu'à la consommation de tes dernières forces. Et au-delà, à travers les siècles des siècles. Témoignage qui se perpétuera à jamais.

Les jours ont passé. Chaque nuit, je rêve de toi. Et même plusieurs fois par nuit. Ce n'est plus comme autrefois une souffrance. La douleur ne se fait connaître qu'au moment où, m'éveillant, mes pensées tombent soudain dans le vide. Je dois réapprendre tous les matins que je ne te verrai plus. Parfois j'hésite à me lever tant je suis certaine qu'en retournant au sommeil, je te retrouverai aussitôt. Je sais pourtant que c'est une tentation à laquelle il ne faut pas succomber. Les rêves ne me sont-ils pas donnés pour que j'aie la force de continuer à vivre ? Ils ne doivent pas se substituer à la vie. Le jour ne se confond pas avec la nuit. Je m'applique en revanche à fatiguer mon corps et mon esprit pour mériter que vienne avec le soir le rêve salvateur.

A Ménerbes, comme rue de Savoie, j'écris. Sur des cahiers d'écolière. Non que je craigne de voir s'effacer ce qui fut — tant que ma mémoire ne sera pas trop défaillante ce qui fut sera —, mais pour étayer de mots les souvenirs. Je ne veux plus que tout cela continue à s'agiter, à tambouriner en moi, à se métamorphoser sans cesse.

La passion a bon dos. Je fais la part de la vanité et celle de l'amour-propre. Je sais ce qui revient à ce moi qui se rengorge, qui fait le beau, alors qu'il n'en est plus temps. Vieux moi racorni, vous vous écaillez par plaques à la manière de ces taches brunes, élégamment appelées fleurs de cimetière. Vieux moi, vous n'en finissez pas de vous pousser du coude. Regardez comme je l'ai bien soufferte, cette vie ! Ne vaut-il pas mieux en parler une fois pour toutes ? Et après, basta ! Vieux moi, vous pourrez alors vous endormir dans les langes étroits de votre amour. Tous ces mots se tiendront bien serrés contre vous. Une vraie momie ! Quand vous sommeillerez enfin, je pourrai entreprendre mon dernier voyage.

J'ai dépassé la vague
Et maintenant libre d'agir
Vers l'intérieur
J'entends
ce secret dans l'être
ce secret à moi-même secret

XVI

C'est à la fin des années 60 que tu m'as envoyé ton dernier présent. Parmi tant d'œuvres immortelles, ton plus beau cadeau ne fut-il pas de m'avoir permis de te connaître et de t'aimer ? Je compris d'emblée que celui-là serait le dernier. Il ne se présentait pas comme ceux qui l'avaient précédé. C'était un petit cube, extrêmement léger, qui était arrivé en simple recommandé par la poste. Sous le papier kraft où tu avais indiqué de ta propre main et en tout petits caractères mon adresse, se trouvait un autre emballage, plus fin et de couleur fuchsia. Là, tu avais écrit avec un crayon à la mine gris argenté : « ADORA. N'ouvrir qu'après ma mort. »

Je reconnaissais l'écriture. L'accusé de réception mentionnait l'illustre nom de l'envoyeur. Au reste, qui aurait bien pu penser à moi, hormis Pablo Picasso ? En fait, ce qui me stupéfiait, c'était que tu pusses toi-même nommer ta mort, ta propre mort. Je t'avais connu si craintif, si désespéré devant celle des autres, hommes ou bêtes. S'agissait-il de ta part d'un appel au secours ? Je répondis aussitôt pour te remercier et t'assurer que la consigne serait observée. J'ajoutai que je ne serais peut-être pas en mesure d'ouvrir le précieux paquet tant j'étais certaine que ta vie serait longue. Ma réponse était destinée à te montrer que le dialogue pouvait toujours reprendre pour peu que l'un de nous en ressentît le besoin. Après, je n'eus plus jamais aucun signe de toi.

Tu as tracé ces mots, il y a quatre ans. Et, ce matin, le moment est venu. Je défais le papier fuchsia sans le déchirer. Je tiens à conserver intact ce que tu m'as une dernière fois donné. Comme je m'y attendais, il y a un petit coffret sous l'emballage. Je l'ouvre d'une main mal assurée. Il contient une bague en or. On dirait une alliance. Un peu plus large cependant qu'une alliance et un peu plus aplatie. A peine l'ai-je sortie de sa boîte que je découvre, fixée à l'intérieur de l'anneau, une pointe acérée. Elle s'enfoncerait sans pitié dans mon doigt si je prenais le risque de porter la bague. De part et d'autre de la pointe assassine, deux initiales sont gravées. D'un côté D. De l'autre P. Picasso et Dora.

J'ai pensé à la Vierge de Nuremberg. Ce n'est pas une nativité, encore moins un portrait de Marie, mais un objet de torture et de mort. Une armure de chevalier, hérissée à l'intérieur de pointes. Le condamné doit la revêtir, et, quand on la referme sur lui, ce sont autant de clous qui s'enfoncent dans sa chair.

J'ai pensé aussi à ce que disait Bataille. D'une grande douceur dans la vie, il faisait par écrit l'éloge du sadisme. Il prétendait qu'entre deux êtres qui s'aiment, celui qui parvient à s'attacher opiniâtrement et avec un soin maniaque à tourmenter l'autre est celui des deux qui aime le plus. Ne faut-il pas, toujours selon Bataille, penser à l'être aimé à chaque instant, lui consacrer son temps, son imagination et jusqu'à ses forces créatrices, pour réussir à le bien faire souffrir ?

Tu n'allais pas, Pablo Picasso, chercher chez d'autres ton inspiration. Ce que tu tenais à me dire en m'envoyant cette bague n'appartenait ni au domaine du jeu ni à celui de la cruauté, car ton secret ne devait être révélé qu'après ta disparition. Ainsi en avais-tu décidé, et tu savais que je respecterais ta consigne. Toi qui craignais tant la mort, tu ne te serais pas risqué à évoquer la tienne pour des raisons futiles. Cette bague est la preuve de notre amour, en témoignent nos deux initiales. Cette pointe, c'est le poinçon, la langue tirée de toutes ces femmes horrifiées par une époque de guerre que nous avons vécue ensemble. C'est *Guernica.* Ce sont les femmes qui pleurent. C'est la soif qui ne s'éteint jamais et c'est le désir aussi. C'est la douleur inextinguible qui pénètre la chair pour la marquer à jamais. C'est mourir de ne pas mourir. C'est D. et P. C'est toi et moi.

Notre amour a existé. Il était impossible.

Ce livre est un roman et je ne suis pas Dora Maar. Parmi de nombreuses lectures, je voudrais dire ma dette particulière à l'égard de ces ouvrages et remercier leurs auteurs :

Le Siècle de Picasso, de Pierre Cabanne (Denoël)
Picasso, de Roland Penrose (Flammarion)
La Vie de peintre de Pablo Picasso, de Pierre Daix (Le Seuil)
Dictionnaire Picasso, de Pierre Daix (Robert Laffont)
De Picasso à Guernica, de Jean-Louis Ferrier (L'Infini-Denoël)
Picasso et Dora, de James Lord (Séguier)
Vivre avec Picasso, de Françoise Gilot (Calmann-Lévy)
Les Vies de Dora Maar, de Mary Anne Caws (Thames & Hudson)

"Le mystère des visages"

Nicole Avril
Le roman
du visage

Pocket n° 11163

Le visage, contact entre Moi et l'Autre ; il n'en existe pas deux de semblables. Paradoxe, on identifie l'autre à son visage, mais jamais nous ne pourrons savoir exactement comment le nôtre est perçu. Le visage, évident et mystérieux, méritait bien un livre.
Nicole Avril nous plonge dans l'histoire de la représentation du visage, du "scribe accroupi" de l'Egypte ancienne aux photographies de stars d'aujourd'hui. Une balade érudite à travers les codes esthétiques et les morales religieuses du monde entier.

Il y a toujours un Pocket à découvrir

Cet ouvrage a été composé par
Graphic Hainaut (Condé-sur-l'Escaut)

Impression réalisée sur Presse Offset par

BRODARD & TAUPIN

GROUPE CPI

16854 – La Flèche (Sarthe), le 05-02-2003
Dépôt légal : février 2003

POCKET – 12, avenue d'Italie - 75627 Paris cedex 13
Tél. : 01.44.16.05.00

Imprimé en France